산스끄리뜨 한글 번역
금강경

산스끄리뜨 한글 번역

금강경

열반으로 가는 배

이중표 옮김

민족사

차례

제1_ 법회인유분(法會因由分) ··· 010
　　　금강경이 설해진 인연

제2_ 선현기청분(善現起請分) ··· 012
　　　수보리가 법문을 청하다

제3_ 대승정종분(大乘正宗分) ··· 014
　　　대승의 근본 취지

제4_ 묘행무주분(妙行無住分) ··· 016
　　　보살은 분별없이 살아간다

제5_ 여리실견분(如理實見分) ··· 018
　　　중생이 곧 여래다

제6_ 정신희유분(正信希有分) ··· 020
　　　불교는 뗏목과 같다

제7_ 무득무설분(無得無說分) ··· 024
　　　깨달았을 뿐 얻은 것은 없다

제8_	의법출생분(依法出生分)	… 026
	진정한 복은 불법에서 나온다	
제9_	일상무상분(一相無相分)	… 029
	우리는 모두 평등하다	
제10_	장엄정토분(莊嚴淨土分)	… 034
	보살행이 국토를 장엄한다	
제11_	무위복승분(無爲福勝分)	… 037
	포교가 가장 큰 복덕이다	
제12_	존중정교분(尊重正敎分)	… 040
	금강경이 여래의 법신사리다	
제13_	여법수지분(如法受持分)	… 042
	여래가 설한 어떤 법도 없다	
제14_	이상적멸분(離相寂滅分)	… 046
	분별상을 떠난 것이 열반이다	
제15_	지경공덕분(持經功德分)	… 052
	금강경의 공덕은 무량하다	
제16_	능정업장분(能淨業障分)	… 055
	금강경은 모든 업장을 소멸한다	

제17_ 구경무아분(究竟無我分) ··· 058
　　　무아가 진아(眞我)다

제18_ 일체동관분(一體同觀分) ··· 065
　　　'지금, 여기'만 있을 뿐이다

제19_ 법계통화분(法界通化分) ··· 070
　　　베푸는 삶이 복덩이다

제20_ 이색이상분(離色離相分) ··· 072
　　　특징 없음이 여래의 특징이다

제21_ 비설소설분(非說所說分) ··· 074
　　　부처와 중생은 차별이 없다

제22_ 무법가득분(無法可得分) ··· 077
　　　깨달아 얻을 바 없다

제23_ 정심행선분(淨心行善分) ··· 079
　　　차별 없이 평등함을 깨닫는다

제24_ 복지무비분(福智無比分) ··· 081
　　　금강경의 공덕은 비할 바 없다

제25_ 화무소화분(化無所化分) ··· 083
　　　집착을 버리면 중생이 부처다

제26_ 법신비상분(法身非相分) ··· 085
  법신은 형상(形相)이 아니다

제27_ 무단무멸분(無斷無滅分) ··· 088
  생명에 단멸(斷滅)은 없다

제28_ 불수불탐분(不受不貪分) ··· 090
  공덕을 짓되 취하지 말라

제29_ 위의적정분(威儀寂靜分) ··· 092
  여래는 가지도 오지도 않는다

제30_ 일합이상분(一合理相分) ··· 093
  세계는 마음에서 연기(緣起)한다

제31_ 지견불생분(知見不生分) ··· 096
  불교는 이론이 아니다

제32_ 응화비진분(應化非眞分) ··· 098
  일체의 유위(有爲)는 환상이다

- 금강경 해제 ··· 100
- 금강경 구마라집 한역본 ··· 105

일러두기

한글 번역은 범본(梵本)의 번역이다. 범본(梵本)은 George Allen & Unwin LTD에서 1958년에 간행된 Buddhist Wisdom Books에 실린 The Diamond Sutra(Edward Conze 역해)에서 로마자로 표기한 범어(梵語) 본문을 취했다. 단락(段落)의 구분은 전통적인 한역본(漢譯本)의 구분에 따라 32분(分)으로 하였다. 우리나라에서는 구마라집(鳩摩羅什) 삼장(三藏)의 한역본(漢譯本)이 널리 유통되고 있기 때문에, 부록으로 한문 원문을 실었다.

Vajracchedikā Prajñāpāramitā Sūtra

금강반야바라밀경
金剛般若波羅蜜經

NAMO BHAGAVATYAI ĀRYA PRAJÑĀPĀRAMITĀYAI

〈지복(至福)의 거룩한 반야바라밀에 절합니다.〉

제1

법회인유분(法會因由分)

—

금강경이 설해진 인연

이와 같이 나는 들었습니다. 한때 부처님께서는 사위국(舍衛國)의 기수급고독원(祇樹給孤獨園)에서 1250명의 큰 비구승가(比丘僧伽)와 (그리고 많은 보살들, 마하살들과)* 함께 계셨습니다. 그때 세존께서는 식사 때가 되자 옷을 입고 법복과 발우를 들고 밥을 빌기 위하여 사위대성(舍衛大城)에 들어가셨습니다. 세존께서는 사위대성

---

* 모든 한역(漢譯)에는 '비구들'만 나올 뿐, '보살들, 마하살들'은 나오지 않는다. 'sambahulaiś ca bodhisattvair mahāsattvaiḥ'는 『금강경』이 유통되는 과정에 후대에 삽입된 것으로 보인다.

에서 탁발을 마치고 돌아와 식사를 하시고, 옷과 발우를 자리에 놓고 발을 씻으신 후에 마련된 자리에 앉아서, 결가부좌(結跏趺坐)를 하고, 몸을 곧추세우고, 대면(對面)하고** 주의집중(smṛti)***을 하셨습니다. 그러자 많은 비구들이 부처님에게 다가와서 두 발에 머리를 조아려 예배하고, 세존을 오른쪽으로 세 번 돌고, 한쪽에 앉았습니다.

** 'pratimukhīṃ'의 번역. 대중들을 상대로 얼굴을 마주하고 앉는 것을 의미함.
*** 빨리(Pāli)어의 'sati'에 상응하는 범어(梵語) 'smṛti'는 한역에서 염(念)으로 번역된다. 최근에 '마음챙김' 등으로 번역하는데, 필자는 '주의집중'으로 번역한다.

제2
선현기청분(善現起請分)
―
수보리가 법문을 청하다

 그때 그 옆에 앉아 있던 장로 수보리가 대중 가운데서 일어나 한쪽 상의(上衣)를 걷어 올리고 오른쪽 무릎을 땅에 대고 합장 공경한 후에 부처님께 사뢰었습니다.

 "희유한 일입니다. 세존이시여! 더없이 희유한 일입니다. 선서(善逝)시여! 여래(如來), 아라한(阿羅漢), 등정각(等正覺)께서 가장 마음에 두고 있는 것은 보살(깨달음을 구하는 중생)들, 마하살(큰 원을 세운 중생)들이군요! 희유한 일입니다. 세존이시여! 보살들, 마하살들이 여래·아라한·등정각(等正覺)으로부터 가장 중요한 부촉(付囑)을 받았군요! 세존이시여! 보살승(菩薩乘)으로 함께 나아가는 선남자(善男子)와 선여인(善女人)은 어떻게 머물고, 어떻게 실천하고, 어떻게 마음을 다잡아야 합니까?"

이와 같이 말씀드리자, 세존께서 수보리 존자에게 이렇게 말씀하셨습니다.

"옳습니다. 옳습니다. 수보리여, 그대의 말씀과 같이 여래는 보살들, 마하살들을 마음에 두고, 보살들, 마하살들에게 가르침을 부촉한답니다. 그대는 이제 잘 듣고, 잘 기억하고, 생각해 보도록 하세요. 내가 그대에게 보살승으로 함께 나아가는 선남자와 선여인은 어떻게 머물고, 어떻게 실천하고, 어떻게 마음을 다잡아야 하는지를 이야기하겠습니다."

"세존이시여, 그렇게 하겠습니다."라고 수보리 존자는 세존께 말씀드렸습니다.

제3

대승정종분(大乘正宗分)

대승의 근본 취지

세존께서 수보리에게 말씀하셨습니다.

"보살승으로 함께 나아가는 사람들은 이와 같이 마음을 일으켜야 한답니다. 수보리여, '난생(卵生)이든, 태생(胎生)이든, 습생(濕生)이든 화생(化生)이든, 형색을 지닌 중생이든, 형색이 없는 중생이든, 생각이 있는 중생이든, 생각이 없는 중생이든, 생각이 있는 것도 아니고 없는 것도 아닌 중생이든, 중생계(衆生界)에 무리지어 있는, 중생계에 속하는 모든 부류의 중생들을 내가 모두 무여열반계(無餘涅槃界)에 들도록 하겠다. 하지만 이와 같이 헤아릴 수 없는 중생들을 열반에 들게 하여도, 사실은 어떤 중생도 열반에 들어간 중생은 없다.'라는 마음을 일으켜야 한답니다. 왜냐하면, 수보리여, 아상·인상·중생상·수자상이 생긴 사람은 보살이라고 말할 수 없기 때문이랍니다."

제4

묘행무주분(妙行無住分)

보살은 분별없이 살아간다

"수보리여, 그러므로 이제 보살은 지각대상[法]에 머물러 보시를 행해서는 안 됩니다. 형상[色]에 머물러 보시를 행해서는 안 되며, 소리[聲]·냄새[香]·맛[味]·촉감[觸]·지각대상[法]에 머물러 보시를 행해서는 안 됩니다. 수보리여, 보살은 실로 이와 같이 모습에 대한 관념에 머물지 않는 보시를 행해야 합니다. 왜냐하면, 머물지 않고 보시를 행하는 사람은 그 복덩어리[福德; puṇyaskandha]가 헤아릴 수 없기 때문입니다. 수보리여, 그대는 어떻게 생각하나요. 동방(東方)의 허공을 헤아릴 수 있을까요?"

"헤아릴 수 없습니다. 세존이시여!"

"수보리여, 남(南)·서(西)·북방(北方)·사유(四維)·상하(上下)의 허공을 헤아릴 수 있을까요?"

"헤아릴 수 없습니다. 세존이시여!"

"수보리여, 머물지 않고 보시를 행하는 보살의 복덩어리도 이와 같이 헤아릴 수가 없답니다. 수보리여, 보살승으로 함께 나아가는 사람은 실로 이와 같이 모습에 대한 관념에 머물지 않는 보시를 행해야 합니다."

제5

여리실견분(如理實見分)

중생이 곧 여래다

"수보리여, 어떻게 생각하나요. 특징을 구족했기 때문에 여래라고 보아야 할까요?"

수보리가 말씀드렸습니다.

"그렇지 않습니다. 세존이시여! 특징을 구족(具足)했기 때문에 여래라고 보아서는 안 됩니다. 왜냐하면, 세존이시여, 여래께서 '특징을 구족(具足)했다'고 하신 것은 사실은 구족한 특징이 없기 때문입니다."

이와 같이 말씀드리자, 세존께서 수보리 존자에게 이렇게 말씀하셨습니다.

"수보리여, '(여래가) 특징을 구족했다고 생각한다면, 그것은 거짓이다. (여래가) 특징을 구족하지 않았다고 생각한다면, 그것은 거짓이 아니다.'라고 실로 이렇게 '(여래의) 특징이란 어떤 특징도 구족하지 않는 것'으로 여래를 보아야 합니다."[凡所有相 皆是虛妄 若見諸相非相 卽見如來]

제6

정신희유분(正信希有分)

불교는 뗏목과 같다

이와 같이 말씀하시자, 수보리 존자가 세존께 말씀드렸습니다.

"세존이시여, 미래세에, 머나먼 훗날, 500년 후 바른 가르침(正法)이 쇠멸(衰滅)한 시기에, 이와 같은 경전의 문구(文句)가 설해질 때, 그 말씀이 진실이라는 생각[眞實想; bhūtasaṃjñā]을 일으키는 그 어떤 중생들이 있을까요?"

세존께서 말씀하셨습니다.

"수보리여, 그대는 '미래세에, 머나먼 훗날, 500년 후 바른 가르침이 쇠멸한 시기에 이와 같은 경전의 문구가 설해질 때, 그 말씀이 진실이라는 생각[眞實想]을 일으키는 그 어떤 중생들이 있을까?'라고 말하지 마세요.

수보리여, 실로 그렇다 할지라도, 덕을 갖추고, 계행을 갖추고, 반야를 갖춘 보살들, 마하살들은 미래세에, 머나먼 훗날, 500년 후 바른 가르침이 쇠멸한 시기에 이와 같은 경전의 문구가 설해질 때, 그 말씀이 진실이라는 생각을 일으킬 것입니다.

수보리여, 그리고 실로 이와 같은 경전의 문구가 설해질 때, 한 마음으로 청정한 믿음을 얻은 그 보살들, 마하살들은 한 부처님의 회상(會上)에서 부처님을 모신 것이 아니고, 한 부처님의 회상에서 선근(善根)을 심은 것이 아니라, 수보리여, 실로 수십 만 부처님의 회상에서 부처님을 모시고, 수십 만 부처님의 회상에서 선근을 심은 보살들, 마하살들입니다.

수보리여, 여래는 그들을 부처님의 지혜[佛智]로 알고, 수보리여, 여래는 그들을 부처님의 눈[佛眼]으로 보고, 수보리여, 여래는 그들을 깨우칩니다. 수보리여, 그들은 모두 헤아릴 수 없고, 셀 수 없는 복덩어리를 생산하여 얻게 될 것입니다. 왜냐고요? 수보리여, 그 보살들, 마하살들에게는 자아라는 관념[我想; ātmasaṃjñā]이 생기지 않기 때문이며, 중생이라는 관념[衆生想], 수명이라는 관념[壽者想], 사람이라는 관념[人想]이 생기지 않기 때문이랍니다.

수보리여, 그리고 그 보살들, 마하살들에게는 가르침이라는 관념[法想; dharmasaṃjñā]이 생기지 않고, 마찬가지로 가르침이 아니라는 관념[非法想; adharmasaṃjñā]이 생기지 않는답니다. 수보리여, 그들에게는 관념(觀念)도 생기지 않고, 비관념(非觀念)도 생기지 않는답니다. 수보리여, 왜 그럴까요? 수보리여, 만약 그 보살들, 마하살들에게 가르침이라는 관념이 생기면, 그들에게 자아에 대한 집착이 생기고, 중생에 대한 집착, 수명에 대한 집착, 사람에 대한 집착이 생기며, 만약 그 보살들, 마하살들에게 가르침이 아니라는 관념이 생겨도, 역시 그들에게 자아에 대한 집착이 생기고, 중생에 대한 집착, 수명에 대한 집착, 사람에 대한 집착이 생기기 때문이랍니다.

 왜냐고요? 수보리여, 실로 보살들, 마하살들은 가르침을 고집해서도 안 되고, 가르침 아닌 것을 고집해서도 안 되기 때문이랍니다. 그래서 여래는 이것을 두고서, '뗏목의 비유 법문을 잘 이해한 사람은 가르침도 버려야 하거늘 하물며 가르침이 아닌 것이랴!'라고 이야기한 것입니다."

제7

무득무설분(無得無說分)

깨달았을 뿐 얻은 것은 없다

다시 세존께서 수보리 존자에게 말씀하셨습니다.

"수보리여, 어떻게 생각하나요? 여래가 체험하여 깨달은 '아누다라삼먁삼보리(阿耨多羅三藐三菩提, anuttarā-samyaksambodhi; 無上正等正覺)'라는 어떤 법이 있고, 여래가 가르친 어떤 법이 있을까요?"

수보리가 말씀드렸습니다.

"제가 부처님께서 말씀하신 의미를 이해한 바로는 여래가 체험하여 깨달으신 '아누다라삼먁삼보리'라는 어떤 법(法)도 없고, 여래가 가르치신 어떤 법도 없습니다. 왜냐하면, 여래가 체험하여 깨달아 가르치신 법은 (개념으로) 파악할 수 없고, (개념으로) 표현할 수 없으며, 그것은 법도 아니고 비법(非法)도 아니기 때문입니다. 왜냐하면, 성인(聖人)은 무위(無爲, asaṃskṛta)에서 출현하기 때문입니다."

제8
의법출생분(依法出生分)

진정한 복은 불법에서 나온다

"수보리여, 어떻게 생각하나요. 어떤 선남자 선여인이 삼천대천세계(三千大千世界)에 칠보(七寶)를 가득 채워서 여래·아라한·등정각(等正覺)에게 보시한다면, 그 선남자 선여인은 그로 인해서 더욱 많은 복덩어리(福德; puṇya-skandha)를 얻지 않을까요?"

수보리가 말씀드렸습니다.

"세존이시여, 많습니다. 선서시여, 그 선남자 선여인이 그로 인하여 얻는 복덩어리는 매우 많습니다. 세존이시여, 왜냐하면, 여래가 말씀하신 복덩어리는 덩어리가 아닌 것(askandha)을 여래가 그렇게 말씀하신 것이며, 그래서 여래는 '복덩어리, 복덩어리'라고 말씀하셨기 때문입니다."

세존께서 말씀하셨습니다.

"수보리여, 선남자 선여인이 삼천대천세계에 칠보를 가득 채워 여래·아라한·등정각에게 보시하면 큰 복덩어리를 얻겠지만, 이 법문(法門)에서 비록 사구게(四句偈)만이라도 뽑아서 다른 사람에게 이야기하고, 자세하게 가르쳐 주고 설명해 준다면, 이 사람이 그로 인해서 얻는 복덩어리는 그보다도 측량할 수 없고 헤아릴 수 없이 더 많답니다. 왜냐하면, 여래·아라한·등정각의 아누다라삼먁삼보리가 여기에서 생겼고, 모든 부처님과 세존들이 여기에서 생겼기 때문이랍니다.
왜냐고요? 수보리여, '부처님의 가르침[佛法]들'이란 여래가 부처님의 가르침이라고 할 것이 없는 것들을 그렇게 이야기한 것입니다. 그로 인해서 부처님의 가르침들이라고 불리는 것들입니다."

제9

일상무상분(一相無相分)

우리는 모두 평등하다

"수보리여, 어떻게 생각하나요. 수다원(須陀洹)이 '나는 수다원과(須陀洹果, srotāpatti-phala; 入流果)를 얻었다.'라고 생각할까요?"

수보리가 말씀드렸습니다.

"세존이시여, 그렇지 않습니다. 수다원은 '나는 수다원과를 얻었다.'라고 생각하지 않습니다. 왜냐하면, 세존이시여, 그는 실로 어떤 법(法; 지각대상)에도 들어가지 않습니다. 그는 형색[色]에 들어가지 않고, 소리[聲], 냄새[香], 맛[味], 촉감[觸], 법(法)에 들어가지 않습니다. 그래서 '수다원(srotāpanna; 入流)'이라고 불립니다.

세존이시여, 만약 수다원이 '나는 수다원과를 얻었다.'라고 생각한다면, 그것은 자아를 집착하고[我執], 중생을 집착하고[衆生執], 수명을 집착하고[壽命執] 사람을 집착한[人執] 것입니다."

세존께서 말씀하셨습니다.

"수보리여, 어떻게 생각하나요. 사다함(斯陀含)이 '나는 사다함과(sakṛdāgāmi-phala; 一來果)를 얻었다.'라고 생각할까요?"

수보리가 말씀드렸습니다.

"세존이시여, 그렇지 않습니다. 사다함은 '나는 사다함과를 얻었다.'라고 생각하지 않습니다. 왜냐하면, 실로 그가 들어간 사다함의 지위(sakṛdāgāmitvam)는 어떤 법(法; 인식대상)도 아니기 때문입니다. 그래서 '사다함[一來]이라고 불립니다."

"수보리여, 어떻게 생각하나요. 아나함(阿那含)이 '나는 아나함과(anāgāmi-phala; 不還果)를 얻었다.'라고 생각할까요?"

수보리가 말씀드렸습니다.

"세존이시여, 그렇지 않습니다. 아나함은 '나는 아나함과를 얻었다.'라고 생각하지 않습니다. 왜냐하면, 세존이시여, 실로 그가 들어간 아나함의 지위(anāgāmitvam)는 어떤 법(法; 인식대상)도 아니기 때문입니다. 그래서 아나함[不還]이라고 불립니다."

"수보리여, 어떻게 생각하나요. 아라한이 '나는 아라한의 지위를 획득했다.'라고 생각할까요?"

수보리가 말씀드렸습니다.

"세존이시여, 아라한은 '나는 아라한의 지위를 획득했다.'라고 생각하지 않습니다. 왜냐하면, 세존이시여, 실로 아라한이라고 부르는 것은 어떤 법(法; 분별대상)도 아니기 때문입니다. 그래서 아라한이라고 불립니다. 세존이시여, 만약에 제가 '나는 아라한과를 얻었다.'라고 생각한다면, 그것은 자아를 집착하고, 중생을 집착하고, 수명을 집착하고 사람을 집착한 것입니다.

세존이시여, 여래·아라한·등정각께서 저를 무쟁(無諍)에 머무는 사람(araṇā-vihārin) 가운데 가장 훌륭하다고 지목하신 이유가 무엇이겠습니까?

세존이시여, 저는 탐욕에서 벗어난 아라한입니다. 세존이시여, 그렇지만 저에게는 '나는 탐욕에서 벗어난 아라한이다.'라는 생각이 없습니다. 세존이시여, 만약 저에게 '나는 아라한의 지위를 획득했다.'는 생각이 있었다면, 여래는 저에게 '무쟁에 머무는 사람 가운데 가장 훌륭한 선남자 수보리는 어떤 것에도 머물지 않는다. 그래서 무쟁에 머무는 자라고 불린다.'라고 기별(記別)하시지 않았을 것입니다."

제10

장엄정토분(莊嚴淨土分)

보살행이 국토를 장엄한다

세존께서 말씀하셨습니다.

"수보리여, 어떻게 생각하나요. 여래가 옛적 연등(燃燈) 여래·아라한·등정각으로부터 얻은 그 어떤 법이 있을까요?"

수보리가 말씀드렸습니다.

"아닙니다. 세존이시여, 여래가 연등 여래·아라한·등

정각으로부터 얻은 그 어떤 법도 없습니다."

세존께서 말씀하셨습니다.

"수보리여, 어떤 보살이든, '내가 국토를 장엄(莊嚴)하겠다(아름다운 세상을 만들겠다).'라고 말하는 보살은 거짓말을 하는 것입니다. 왜냐하면, 수보리여, '국토장엄'이란 여래가 장엄이 아닌 것을 그렇게 이야기한 것이기 때문입니다. 그것은 '국토장엄'이라고 불리는 것입니다.

수보리여, 그러므로 보살들, 마하살들은 어떤 것에도 머물지 않고 마음을 일으켜야 합니다. 형색[色]에 머물지 않고 마음을 일으켜야 하며, 소리[聲]·냄새[香]·맛[味]·촉감[觸]·지각대상[法]에 머물지 않고 마음을 일으켜야 합니다. 수보리여, 그것은 마치 어떤 사람이 성취한 몸(upeta-kāya)은 산들의 왕 수미산과 같이 큰 몸(mahā-kāya)이라고 하는 것과 같습니다. 수보리여, 어떻게 생각하나요. 그 사람의 자기존재[自身; ātma-bhāva]는 크지 않나요?"

수보리가 말씀드렸습니다.

"큽니다. 세존이시여! 그 사람의 자기존재는 큽니다. 선서시여! 왜냐하면, 세존이시여, 여래는 존재가 아닌 것(a-bhāva)을 '자기존재'라고 말씀하셨습니다. 그로 인해서 '자기존재'라고 불리는 것입니다. 세존이시여, 그것은 사실은 존재(存在; bhāva)도 아니고, 비존재(非存在; a-bhāva)도 아닙니다. 그로 인해서 '자기존재'라고 불리는 것입니다."

제11

무위복승분(無爲福勝分)

포교가 가장 큰 복덕이다

세존께서 말씀하셨습니다.

"수보리여, 어떻게 생각하나요. 갠지스 강에 있는 모래의 수와 같은 수의 갠지스 강에 있는 모래의 수는 많지 않나요?"

수보리가 말씀드렸습니다.

"매우 많습니다. 세존이시여! (갠지스 강에 있는 모래의 수와 같은 수의) 갠지스 강의 수도 무수하게 많은데, 하물며 그 모래의 수는 말해 무엇 하겠습니까?"

세존께서 말씀하셨습니다.

"수보리여, 내가 그대에게 알려주겠습니다. 내가 그대에게 밝히겠습니다. 어떤 여인이든 사내든 갠지스 강의 모래수와 같은 수의 세계(世界)를 칠보(七寶)로 가득 채워서 여래·아라한·등정각들에게 보시를 행한다면, 수보리여, 어떻게 생각하나요? 그 여인이나 사내는 그로 인하여 많은 복덩어리를 얻지 않을까요?"

수보리가 말씀드렸습니다.

"많습니다. 세존이시여! 많습니다. 선서시여! 여인이나 사내는 그로 인하여 헤아릴 수 없고 측량할 수 없는 복덩어리를 얻을 것입니다."

세존께서 말씀하셨습니다.

"수보리여, 여인이나 사내가 그와 같은 세계를 칠보로 가득 채워서 여래·아라한·등정각들에게 보시를 행하는 것보다, 선남자 선여인이 이 법문(法門)에서 단지 사구게(四句偈)만을 뽑아내어 다른 사람을 위하여 가르쳐 주고 설명해 준다고 할지라도, 실로 이로 인해서 생기는 복덩어리가 헤아릴 수 없고 측량할 수 없이 더 많답니다."

제12

존중정교분(尊重正敎分)*

—

금강경이 여래의 법신사리다

"그리고, 수보리여, 어떤 지역에서 이 법문에서 단지 사구게만을 뽑아내어 다른 사람을 위하여 가르쳐 주고 설명해 준다고 할지라도, 그 지역은 일체의 세간과 천신과 인간과 아수라가 모두 부처님의 탑묘(塔廟)가 있는

—

* 여래는 일정 시간을 존재하는 작자(作者)가 아니라, 열반의 길을 안내하는 일[業]에 주어진 명칭[報]일 뿐이다. 여래의 육신은 사라져도 열반으로 가는 길을 안내하는 가르침이 있다면, 그곳에 여래는 상주(常住)한다. 부처님께서는 마지막 순간까지 업보(業報)는 있으나 작자(作者)는 없는 여래의 삶을 몸소 보여주신 것이다. 존중정교분(尊重正敎分)에서는 이러한 부처님의 가르침을 담고 있는 『금강경』이 여래의 법신(法身)이라는 것을 이야기하고 있다.

곳으로 여길 것입니다.

그런데 하물며 이 법문을 모두 외워서 독송하고 이해하고, 다른 사람을 위하여 가르쳐 주고 설명해 준다면 말해 무엇 하겠습니까? 수보리여, 그들은 가장 희유한 최상의 사람일 것입니다.

그리고 그 지역이 스승이 머무는 곳이고, 현명한 존자(尊者)가 있는 곳입니다."

제13

여법수지분(如法受持分)*

여래가 설한 어떤 법도 없다

이와 같이 말씀하시자, 수보리가 부처님께 말씀드렸습니다.

"세존이시여, 이 법문은 이름이 무엇입니까? 그리고 저는 이것을 어떻게 받아 지녀야 할까요?"

이와 같이 말씀드리자, 세존께서 수보리 존자에게 말

---

* 제13 여법수지분(如法受持分)은 『금강경』의 법문을 마무리하는 부분으로서 이전의 내용을 종합하여 정리하고 있다.

씀하셨습니다.

"수보리여, 이 법문의 이름은 '반야바라밀다(般若波羅蜜多; prajñāpāramitā)'입니다. 그리고 이것을 이와 같이(이름이 반야바라밀다라고) 받아 지니도록 하세요. 왜냐하면, 수보리여, 여래가 설한 반야바라밀다는 사실은 반야바라밀다가 아니라 반야바라밀다라고 불리는 것이기 때문입니다. 수보리여, 어떻게 생각하나요. 여래가 설한 그 어떤 법이 있을까요?"

수보리가 말씀드렸습니다.

"세존이시여, 여래가 설한 그 어떤 법도 없습니다."

세존께서 말씀하셨습니다.

"수보리여, 어떻게 생각하나요. 삼천대천세계에 존재하는 미진(微塵)은 많지 않나요?"

수보리가 말씀드렸습니다.

"많습니다. 세존이시여! 미진은 많습니다. 선서시여! 왜냐하면, 여래가 말씀하신 미진은 사실은 미진이 아니라 미진이라고 불리는 것이기 때문입니다. 여래가 말씀하신 그 세계도 사실은 세계가 아니라 세계라고 불리는 것입니다."

세존께서 말씀하셨습니다.

"수보리여, 어떻게 생각하나요. 위대한 사람이 지닌 서른두 가지 관상[三十二大人相]으로 여래·아라한·등정각을 볼 수 있을까요?"

수보리가 말씀드렸습니다.

"세존이시여, 그렇지 않습니다. 위대한 사람이 지닌 서른두 가지 관상으로 여래·아라한·등정각을 볼 수 없습니다. 왜냐하면, 세존이시여, 여래가 말씀하신 위대한 사람이 지닌 서른두 가지 관상은 관상(觀相; lakṣaṇa)이 아니라, 위대한 사람이 지닌 서른두 가지 관상이라고 불리는 것이기 때문입니다."

세존께서 말씀하셨습니다.

"그리고 수보리여, 여인이나 사내가 날마다 갠지스 강의 모래와 같은 자신(自身; ātma-bhāva)을 희생하고, 이와 같이 갠지스 강의 모래와 같은 겁(劫) 동안 그 자신을 희생하는 것보다도, 누군가 이 법문에서 단지 사구게만이라도 뽑아서 다른 사람을 위하여 가르쳐 주고 설명해 준다면, 그로 인해서 생기는 복덩어리가 헤아릴 수 없고 측량할 수 없을 만큼 더 많답니다."

제14

이상적멸분(離相寂滅分)[*]

분별상을 떠난 것이 열반이다

 그러자, 수보리 존자는 가르침에 감격하여 눈물을 흘렸습니다. 그는 눈물을 흘리면서 세존께 이렇게 말씀드렸습니다.

 "희유한 일입니다. 세존이시여! 더없이 희유한 일입니다. 선서시여! 여래께서는 가장 뛰어난 길(agryāna; 最上乘)로 함께 나아가는 중생들을 위하여, 가장 훌륭한 길

---

[*] 제14 이상적멸분(離相寂滅分)은 『금강경』의 결론이라고 할 수 있다.

(śreṣṭhayāna; 最勝乘)로 함께 나아가도록 이 법문(法門)을 설하셨군요!

세존이시여! 그래서 저는 이제 알게 되었습니다. 세존이시여! 저는 분명히 이런 법문을 이전에는 들은 적이 없습니다. 세존이시여! 세상에서 이 경이 설해질 때, 그것을 듣고서 '진실상(眞實想; bhūta-saṃjñā)'을 일으킨 보살들은 가장 희유한 것을 성취하게 될 것입니다. 왜냐하면, 세존이시여, 진실상은 사실은 진실상이 아니기[非眞實想; a-bhūta-saṃjñā] 때문입니다. 그래서 여래께서는 '진실상'이라고 말씀하신 것입니다.

세존이시여, 이 법문이 설해지고 있는 지금 제가 듣고 이해하여 확신하는 것은 어려운 일이 아니지만, 세존이시여, 어떤 중생들이 미래세에, 머나먼 훗날, 500년 후 바른 가르침[正法]이 쇠멸한 시기에, 세존이시여, 이 법문을 배우고 외워서 독송하고, 이해하여 남들에게 자세하게 설명해 준다면, 그들은 가장 희유한 것을 성취하게 될 것입니다. 뿐만 아니라 세존이시여, 그들에게는 아상이 생기지 않고, 중생상·수자상·인상이 생기지 않을 것입니다. 왜냐하면, 세존이시여, 그 아상은 사실은 관념[想]이 아니고, 중생상·수자상·인상은 사실은 관념이 아니기 때문입니다. 왜냐하면 일체의 관념이 제거된 사람이 진정으로 깨달은 세존[佛世尊]이기 때문입니다."

이와 같이 말씀드리자, 세존께서 수보리 존자에게 이렇게 말씀하셨습니다.

"바로 그렇습니다. 수보리여! 바로 그렇습니다. 수보리여! 세상에서 이 경이 설해질 때, 놀라지 않고, 겁내지 않고, 두려워하지 않는 중생들은 가장 희유한 것을 성취하게 될 것입니다. 왜냐하면, 수보리여, 여래가 말한 가장 뛰어난 바라밀(第一波羅蜜)은 사실은 바라밀이 아니기 때문입니다. 수보리여, 여래가 가장 뛰어난 바라밀이라고 말한 것을 헤아릴 수 없는 불세존들도 그렇게 이야기합니다. 그래서 가장 뛰어난 바라밀이라고 불리는 것입니다.

그리고 수보리여, 여래의 인욕바라밀(忍辱波羅蜜)은 사

실은 바라밀이 아니랍니다. 왜냐하면, 수보리여, 깔리 왕(Kaliṅga-rāja)*이 나의 사지(四肢)를 자르고 살점을 도려냈을 때, 그때 나에게는 아상도 없었고, 중생상이나 수자상이나 인상도 없었으며, 그 어떤 상(想; saṃjñā)도 없었고, 비상(非想; a-saṃjñā)도 없었답니다. 그것을 어떻게 아느냐고요? 수보리여, 만약에 그때 나에게 아상이 있었다면, 그때 나에게 분노의 생각(vyāpāda-saṃjñā)도 있었을 것이고, 만약에 중생상이나 수자상이나 인상이 있었다면 그때 나에게 분노의 생각도 있었겠지요. 그때 나에게 분노의 생각이 없었다는 것을 어떻게 아느냐고요? 수보리여, 나는 내가 과거세(過去世)에 500생(生) 동안 자칭(自稱) 인욕(忍辱)을 행하는(Kṣāntivādī) 선인(仙人)이었다는 것을 분명하게 알고 있답니다. 그때에도 나에게는 아상이 없었고, 중생상이나 수자상이나 인상이 없었답니다.

수보리여, 그러므로 보살들 마하살들은 일체의 상

---

* 학자들은 'Kaliṅga-rāja'를 'Kali-rāja'의 오기(誤記)로 본다. '歌利王'으로 한역(漢譯)된 것을 보면, 오기로 보는 것이 옳다고 생각된다. 각묵 스님, 『금강경 역해』(불광출판부, 2014), p. 242 참조.

(想)을 버리고 아누다라삼먁삼보리심을 일으켜야 합니다. 형색[色]에 머물러 마음을 일으켜서는 안 되고, 소리[聲]·냄새[香]·맛[味]·촉감[觸]·지각대상[法]에 머물러 마음을 일으켜서는 안 됩니다. 가르침[法]에 머물러 마음을 일으켜서도 안 되고, 가르침이 아닌 것[非法]에 머물러 마음을 일으켜서도 안 되며, 그 어떤 것에도 머물러 마음을 일으켜서는 안 됩니다. 왜냐하면, 머무는 것은 사실은 머무는 것이 아니기 때문입니다. 그래서 여래는 '보살은 머물지 않고 보시를 행해야 한다. 형색[色]·소리[聲]·냄새[香]·맛[味]·촉감[觸]·지각대상[法]에 머물지 않고 보시를 행해야 한다.'라고 말한답니다.

수보리여, 그뿐만이 아니라 보살은 일체의 중생들의 이익을 위하여 이와 같은 보시를 행해야 합니다. 왜 그래야 하느냐고요? 수보리여, 그 중생이라는 개념[衆生想]은 사실은 개념[想]이 아니기 때문입니다. 왜냐고요? 여래가 이와 같이 이야기한 '일체중생'은 사실은 중생이 아니기 때문입니다. 그럴 리가 없다고요? 수보리여, 여래는 진실을 말하는 사람입니다. 여래는 진리를 말하고, 사실을 말하는 사람입니다. 여래는 틀린 말을 하지 않고, 거짓말을 하지 않는 사람입니다.

수보리여, 그뿐만이 아니라 여래가 깨달아서 가르치고 사유하는 가르침[法]에는 진실도 없고, 거짓도 없습니다. 수보리여, 암흑 속에 빠진 사람은 아무것도 볼 수 없듯이, 인식대상[對象; vastu]에 빠져서 보시를 행하는 보살도 이와 같다고 보아야 합니다. 수보리여, 눈 있는 사람이 동트는 아침에 태양이 떠오르면 갖가지 형색[色]들을 볼 수 있듯이, 인식대상에 빠지지 않고 보시를 행하는, 인식대상에 빠지지 않는 보살도 이와 같다고 보아야 합니다.

수보리여, 그뿐만이 아니라 이 법문을 배우고 외워서 독송하고, 이해하여 남들에게 자세하게 설명하는 선남자 선여인들을, 수보리여, 여래는 그들을 부처의 지혜[佛智]로 안답니다. 수보리여, 여래는 그들을 부처의 눈[佛眼]으로 본답니다. 수보리여, 여래는 그들을 알아본답니다. 수보리여, 그 중생들은 모두 측량할 수 없고, 헤아릴 수 없는 복덩어리[福德]를 얻게 된답니다."

제15

지경공덕분(持經功德分)*

─
금강경의 공덕은 무량하다

"수보리여, 만약에 어떤 여인이나 사내가 아침에 갠지스 강의 모래수와 같은 자신(自身; ātmabhāva)을 희생하고, 낮에 갠지스 강의 모래수와 같은 자신을 희생하고, 저녁에 갠지스 강의 모래수와 같은 자신을 희생하고, 이와 같이 무량백천만억겁(無量百千萬億劫)을 자신을 희생하는 것보다도, 이 경전을 듣고 거부하지 않으면, 사

─
* 『금강경』의 요지는 '중생이 곧 부처다'라는 것이다. 이러한 사실을 세상에 널리 알리는 일이 이 세상에서 가장 중요하고 가치 있는 일이다.

실은 이것이 그로 인하여 헤아릴 수 없고, 측량할 수 없는 많은 복덩어리를 쌓는 것입니다. 하물며 베껴 쓰고, 마음에 간직하고, 독송하고, 다른 사람을 위하여 해설한다면, 더 할 말이 있겠습니까?

수보리여, 그뿐만이 아니라 이 법문은 불가사의(不可思議)하고 측량할 수가 없으며, 여래는 가장 높은 길[最上乘]로 함께 나아가는 중생들의 이익을 위하여, 가장 뛰어난 길[最勝乘]로 함께 나아가는 중생들의 이익을 위하여 이 법문을 설했습니다. 이 법문을 배우고 외워서 독송하고, 이해하여 남들에게 자세하게 설명하는 사람들을, 수보리여, 여래는 그들을 부처의 지혜[佛智]로 알아봅니다. 수보리여, 여래는 그들을 부처의 눈[佛眼]으로 봅니다. 수보리여, 여래는 그들을 알아봅니다. 수보리여, 그 모든 중생들은 헤아릴 수 없는 복덩어리를 쌓고, 불가사의하고, 측량할 수 없고, 계산할 수 없고, 한량없는 복덩어리를 쌓을 것입니다.

수보리여, 그 모든 중생들은 육신(肉身)을 가진 채로 깨달음을 마음에 간직할 것입니다. 왜 그들만 그러하냐면, 이 법문은 저열한 확신을 가진 자는 들을 수 없기 때문입니다. 아견(我見)을 가진 자·중생견(衆生見)·수명견(壽命見)·인견(人見)을 가진 자는 이 법문을 들을 수가 없습니다. 보살의 서원(誓願)을 지니지 않은 중생들은 이 법문을 들을 수 없으며, 배우거나, 마음에 간직하거나, 말하거나, 설명하거나 하는 일은 있을 수가 없습니다.

  수보리여, 뿐만 아니라 이 경이 설해지는 장소는 어느 곳이든, 그 장소는 천신과 인간과 아수라를 포함하는 세간(世間)의 공양을 받을 것입니다. 그 장소는 마땅히 예배를 받게 되고, 사람들이 오른쪽으로 돌게 될 것입니다. 그 장소는 탑묘(塔廟)가 있는 곳이 될 것입니다."

제16

능정업장분(能淨業障分)*

금강경은 모든 업장을 소멸한다

"수보리여, 그렇지만 이 경을 이와 같이 배우고 외워서 독송하고, 이해하고 이치에 맞게 생각하여 남들에게 자세하게 설명해 주는 선남자나 선여인들이 경멸받을

---

* 『금강경』을 외우고 남을 위해 가르치면 멸시와 모욕을 당하게 되지만, 모든 업장(業障)이 소멸되고 불가사의한 과보를 얻게 된다는 말씀이다. 여기에서 이야기하는 업장은 개인의 업장이 아니라 사회의 업장이다. 왜냐하면, 『금강경』의 가르침은 아상을 없애라는 가르침이고, 아상이 없으면, 자타(自他)의 분별심이 사라지기 때문이다. 개인의 욕망을 최고의 가치로 생각하는 개인주의사회에서 불교를 실천한다는 것은 쉬운 일이 아니다. 그렇기 때문에 부처님의 가르침을 실천하여 아상을 버리고 모든 사람이 부처로 살아가는 행복한 사회를 이룩하는 일은 그 무엇과도 비교할 수 없는 가치 있는 일이다.

수도 있고, 심한 모욕을 당할 수도 있습니다.

왜 그런가 하면 수보리여, 그 중생들이 과거의 삶에서 지은 불선업(不善業)은 악취(惡趣)에 떨어져 마땅한 것들인데, 지금, 여기에서 경멸받음으로써 과거의 삶에서 지은 불선업(不善業)들이 소멸되기 때문입니다. 그리고 그들은 부처님의 깨달음을 증득하게 됩니다. 그것을 어떻게 알 수 있냐고요? 수보리여, 나는 체험하여 알고 있습니다.

과거 무량아승기겁(無量阿僧祇劫) 전에, 연등(然燈) 여래·아라한·등정각 훨씬 이전에, 팔백사천만억 나유타의 부처님들이 계셨는데, 나는 그분들을 빠짐없이 모셨습니다. 수보리여, 내가 그 불세존(佛世尊)들을 빠짐없이 모셨지만, 어떤 사람이 미래세에, 머나먼 훗날, 500년 후 바른 가르침[正法]이 쇠멸한 시기에, 이 경을 이와 같이 배우고 외워서 독송하고, 이해하고 이치에 맞게 생각하여 남들에게 자세하게 설명한다면, 수보리여, 이 복덩어리에 비하면 저 복덩어리는 백 분의 일에도 미치지 못하고, 천 분의 일, 십만 분의 일, 백억 분의 일, 만억

분의 일, 천만 억 분의 일, 백 천 만억 나유타 분의 일에도 미치지 못하며, 셈[數]이나 구분(區分)이나 계산이나 비유나 은유 내지는 비교가 불가능합니다.

수보리여, 만약에 내가 그 선남자 선여인들이 그때 지어서 얻게 될 복덩어리를 이야기한다면, 중생들은 미쳐버리거나 마음이 혼란해질 것입니다. 수보리여, 이 법문은 불가사의하다고 여래는 이야기하며, 실로 이 법문은 불가사의한 과보가 있습니다."

제17

구경무아분(究竟無我分)*

—

무아가 진아(眞我)다

그러자 수보리 존자가 세존께 말씀드렸습니다.

"세존이시여, 보살승으로 함께 나아가는 사람들은 어떻게 머물고, 어떻게 실천하고, 어떻게 마음을 다잡아야 합니까?"

세존께서 말씀하셨습니다.

"수보리여, 보살승으로 함께 나아가는 사람들은 '모든

중생들을 내가 무여열반계(無餘涅槃界)에 들도록 하겠다. 하지만 이와 같이 중생들을 열반에 들게 하여도, 사실은 어떤 중생도 열반에 들어간 중생은 없다'는 마음을 일으켜야 합니다. 왜냐하면, 수보리여, 만약에 보살에게 중생상이 생긴다면, 그는 보살이라고 할 수 없기 때문입니다. 수자상이나 인상이 생겨도 그는 보살이라고 할 수 없습니다. 왜냐하면 수보리여, 보살승으로 나아가는 사람이라고 하는 그 어떤 법도 없기 때문입니다. 수보리

---

* 『금강경』은 상권(上卷)과 하권(下卷)으로 나뉜다. 제16 능정업장분(能淨業障分)까지가 상권이고, 제17 구경무아분(究竟無我分)부터 하권이다. 상권은 제1 법회인유분(法會因由分)에서 시작하여 하나하나 내용을 전개하다가 제14 이상적멸분(離相寂滅分)에 이르러서 종합하여 결론을 맺는 형식을 띠고 있는데, 하권은 하권이 시작되는 제17 구경무아분(究竟無我分)에서 전체의 개요를 밝힌 뒤에 하나하나 서술하는 형식을 띠고 있다. 이것은 같은 내용을 반복하여 강조하려는 『금강경』의 편집 의도를 잘 드러낸 것이다. 상권에서는 기승전결(起承轉結)의 순서에 따라서 결론을 도출하고, 하권에서는 상권에서 도출된 결론을 내세워 그 의미를 다시 설명하고 있는 것이다.

하권이 시작되는 제17 구경무아분은 상권의 내용을 압축하여 보여주고 있다. 이미 살펴본 바와 같이, 『금강경』의 주제는 '보살의 길로 함께 나아가려는 사람들은 어떤 마음으로 살아가야 하는가?'이다. 그리고 이에 대한 답변은 '모든 중생들을 열반의 세계에 들어가게 하려는 마음으로 살아가면서, 많은 중생을 열반에 들게 하지만 어떤 중생도 열반에 들어간 중생은 없다'고 생각해야 한다는 것이다.

여, 어떻게 생각합니까? 여래가 연등(然燈) 여래 곁에서 깨달은 아누다라삼먁삼보리라고 하는 어떤 법이 있겠습니까?"

세존께서 이와 같이 말씀하시자, 수보리 존자가 세존께 말씀드렸습니다.

"세존이시여, 제가 세존의 말씀의 의미를 이해한 바로는, 세존이시여, 여래께서 연등(然燈) 여래·아라한·등정각 곁에서 깨달은 아누다라삼먁삼보리라고 하는 어떤 법도 없습니다."

이와 같이 말씀드리자, 세존께서 수보리 존자에게 말씀하셨습니다.

"그렇습니다. 수보리여, 그렇습니다. 수보리여, 여래가 연등 여래·아라한·등정각 곁에서 깨달은 아누다라삼먁삼보리라고 하는 어떤 법도 없습니다.

수보리여, 뿐만 아니라 만약에 여래가 깨달은 어떤 법이 있었다면, 연등 여래께서는 나에게 '젊은이여, 그대는 미래세(未來世)에 석가모니(釋迦牟尼)라고 하는 여래·아라한·등정각이 될 것이다'라고 기별(記別)을 주지 않았을 것입니다.

수보리여, 여래·아라한·등정각이 깨달은 아누다라삼먁삼보리라고 하는 어떤 법도 없기 때문에 나는 연등 여래로부터 '젊은이여, 그대는 미래세에 석가모니라고 하는 여래·아라한·등정각이 될 것이다'라고 기별을 받은 것입니다.

왜냐고요? 수보리여, 여래(如來; Tathāgata)란 진실(眞實; bhūta)과 진여(眞如; tathatā)에 대한 명칭(adhivacana)입니다. 수보리여, 여래란 무생법성(無生法性; anutpādadharmatā)에 대한 명칭입니다. 수보리여, 여래란 유위법(有爲法)의 단절(斷絕; dharmoccheda)에 대한 명칭입니다. 수보리여, 여래란 필경불생(畢竟不生; atyantānutpanna)에 대한 명칭입니다. 왜냐하면, 수보리여, 무생(無生; anutpādo)이 최상의 이치(paramārthaḥ)이기 때문입니다.

수보리여, 어떤 사람이 '여래·아라한·등정각은 아누다라삼먁삼보리를 깨달았다.'라고 말한다면, 그는 거짓을 말하는 것이며, 실재(實在)하지 않은 것을 집착하여 나를 비방하는 것입니다.

왜냐고요? 수보리여, 여래·아라한·등정각이 깨달은 아누다라삼먁삼보리라고 하는 어떤 법도 없기 때문입니다. 그리고 여래가 깨달아서 가르친 법에는 진실(satya)도 없고, 거짓(mṛṣā)도 없답니다.

그래서 여래는 '일체법(一切法; sarva-dharmā)이 불법(佛法; Buddha-dharmā)이다'라고 이야기한답니다. 그렇게 이야기하는 까닭은, '일체법'이란 여래가 법이 아닌 것을 말한 것이며, 그래서 '일체법'이라고 불리기 때문입니다. 수보리여, 그것은 구족한 몸(upetakāyo)을 가진 사람, 큰 몸(mahākāyo)을 가진 사람이라고 하는 것과 같습니다."

수보리 존자가 말씀드렸습니다.

"세존이시여, 여래께서 구족한 몸, 큰 몸을 가진 사람이라고 말씀하신 것은, 세존이시여, 여래께서 몸 아닌 것을 그렇게 말씀하신 것이며, 그로 인해서 구족한 몸, 큰 몸이라고 불리는 것입니다."

세존께서 말씀하셨습니다.

"그렇습니다. 수보리여! '내가 중생들을 열반에 들게 하겠다.'라고 말하는 보살은 보살이 아니라고 해야 합니다. 왜 그렇겠습니까? 수보리여, 보살이라고 하는 어떤 법이 있을까요?"

수보리가 말씀드렸습니다.

"그렇지 않습니다. 세존이시여! 보살이라고 하는 어떤 법도 없습니다."

세존께서 말씀하셨습니다.

"중생이란 중생이 아닌 것을 여래가 그렇게 말한 것입니다. 그로 인해서 중생이라고 불린 것입니다. 그래서 여래는 '일체법은 자아가 없고(nirātmānaḥ), 일체법은 중생이 없고(niḥsattvāḥ), 수명(壽命)이 없고(nirjīvā), 인간이 없다(niṣpudgalāḥ).'라고 말한답니다.

수보리여, '내가 국토를 장엄하겠다(아름다운 세상을 만들겠다)'라고 말하는 보살도 마찬가지라고 해야 합니다. 왜냐하면, 수보리여, '국토장엄(kṣetra-vyūhā)'이란 여래가 장엄이 아닌 것을 그렇게 이야기한 것이며, 그래서 '국토장엄'이라고 불리는 것이기 때문입니다.

수보리여, 여래·아라한·등정각은 '법들은 자아가 없다(nirātmānaḥ)'라고 확신하는 사람을 보살, 마하살(摩訶薩)이라고 부른답니다."

제18

일체동관분(一體同觀分)

'지금, 여기'만 있을 뿐이다

세존께서 말씀하셨습니다.

"수보리여, 어떻게 생각하나요. 여래에게 육안(肉眼)이 있을까요?"

수보리가 말씀드렸습니다.

"그렇습니다. 세존이시여! 여래에게 육안이 있습니다."

세존께서 말씀하셨습니다.

"수보리여, 어떻게 생각하나요. 여래에게 천안(天眼)이 있을까요?"

수보리가 말씀드렸습니다.

"그렇습니다. 세존이시여! 여래에게 천안이 있습니다."

세존께서 말씀하셨습니다.

"수보리여, 어떻게 생각하나요. 여래에게 혜안(慧眼)이 있을까요?"

수보리가 말씀드렸습니다.

"그렇습니다. 세존이시여! 여래에게 혜안이 있습니다."

세존께서 말씀하셨습니다.

"수보리여, 어떻게 생각하나요. 여래에게 법안(法眼)이 있을까요?"

수보리가 말씀드렸습니다.

"그렇습니다. 세존이시여! 여래에게 법안이 있습니다."

세존께서 말씀하셨습니다.

"수보리여, 어떻게 생각하나요. 여래에게 불안(佛眼)이 있을까요?"

수보리가 말씀드렸습니다.

"그렇습니다. 세존이시여! 여래에게 불안이 있습니다."

세존께서 말씀하셨습니다.

"수보리여, 어떻게 생각하나요. 갠지스와 같은 큰 강의 모래만큼 많은 모래들에 대하여 여래가 이야기한 적이 있지요?"

수보리가 말씀드렸습니다.

"그렇습니다. 세존이시여! 그렇습니다. 선서시여! 여래께서 그 모래들에 대하여 말씀하신 적이 있습니다."

세존께서 말씀하셨습니다.

"수보리여, 어떻게 생각하나요. 갠지스와 같은 큰 강의 모래만큼 많은 갠지스가 있고, 거기에 있는 모래만큼의 세계가 있다면, 그 세계는 많지 않나요?"

수보리가 말씀드렸습니다.

"그렇습니다. 세존이시여! 그렇습니다. 선서시여! 그 세계는 많습니다."

세존께서 말씀하셨습니다.

"수보리여, 그 세계 속에 있는 중생들의 갖가지 마음의 흐름(citta-dhārāṃ)을 나는 반야로 통찰합니다(prajñānāmi). 어떻게 그것이 가능하냐고요? 수보리여, 여래는 흐름이 아닌 것을 마음의 흐름이라고 말합니다. 그것이 마음의 흐름이라고 불립니다. 왜냐하면, 수보리여, 지나간 마음은 파악되지 않고[過去心不可得], 오지 않은 마음은 파악되지 않고[未來心不可得], 지금 일어난 마음은 파악되지 않기[現在心不可得] 때문입니다."

제19

법계통화분(法界通化分)[*]

―

베푸는 삶이 복덩이다

"수보리여, 어떻게 생각하나요. 어떤 선남자나 선여인이 이 삼천대천세계를 칠보로 가득 채워서 여래·아라한·등정각들에게 보시를 행한다면, 그 선남자나 선여인은 그로 인하여 많은 복덩어리를 얻지 않을까요?"

수보리가 말씀드렸습니다.

―

[*] 제19 법계통화분(法界通化分)은 제8 의법출생분(依法出生分)을 강조한 부분이다. 진정한 복(福)은 계산하거나 환산할 수 있는 것이 아님을 다시 강조한 것이다.

"많습니다. 세존이시여! 많습니다. 선서시여!"

세존께서 말씀하셨습니다.

"그렇습니다. 그렇습니다. 수보리여, 그 선남자나 선여인은 그로 인하여 많은 복덩어리를 얻습니다. 왜냐하면, 수보리여, 여래는 복덩어리가 아닌 것을 복덩어리라고 말했으며, 그래서 복덩어리라고 불리기 때문입니다. 수보리여, 만약 복덩어리가 있다면, 여래는 복덩어리라고 말하지 않았을 것입니다."

제20

이색이상분(離色離相分)*

―

특징 없음이 여래의 특징이다

"수보리여, 어떻게 생각하나요. 색신(色身)을 구족(具足)했기 때문에 여래라고 보아야 할까요?"

수보리가 말씀드렸습니다.

"그렇지 않습니다. 세존이시여! 색신을 구족했기 때문에 여래라고 보아서는 안 됩니다. 왜냐하면, '색신의

―

* 제20 이색이상분은 제5 여리실견분을 강조한 부분이다.

구족'이란 여래께서 '(어떤 색신도) 구족하지 않은 것'을 그렇게 말씀하신 것이며, 그래서 '색신의 구족'이라고 불리기 때문입니다."

세존께서 말씀하셨습니다.

"수보리여, 어떻게 생각하나요. 특징을 구족했기 때문에 여래라고 보아야 할까요?"

수보리가 말씀드렸습니다.

"그렇지 않습니다. 세존이시여! 특징을 구족했기 때문에 여래라고 보아서는 안 됩니다. 왜냐하면, 세존이시여, 여래께서 말씀하신 '특징의 구족'은 '특징 없음의 구족'을 여래가 그렇게 말씀하신 것이며, 그래서 '특징의 구족'이라고 불리기 때문입니다."

제21

비설소설분(非說所說分)*

—

부처와 중생은 차별이 없다

세존께서 말씀하셨습니다.

"수보리여, 어떻게 생각하나요. 여래는 '내가 법을 설했다'라고 생각할까요?"

—

* 제21 비설소설분(非說所說分)은 제7 무득무설분(無得無說分)을 강조한 부분이다. 중생이라는 존재가 있어서 중생이라고 부르는 것이 아니라 깨닫지 못한 상태에 있기 때문에 중생이라고 부를 뿐 부처와 중생의 차별이 없다는 것을 강조하고 있다.

수보리가 말씀드렸습니다.

"그렇지 않습니다. 세존이시여! 여래께서는 '내가 법을 설했다'라고 생각하시지 않습니다."

세존께서 말씀하셨습니다.

"수보리여, '여래가 법을 설했다.'라고 말하는 사람은 거짓말을 하는 것입니다. 수보리여, 그는 사실이 아닌 것을 가지고 나를 비방하는 것입니다. 왜냐하면, 수보리여, '설법(說法)'이란 '설법'이라고 할 수 있는 어떤 법도 없는 것이기 때문입니다."

이와 같이 말씀하시자, 수보리 존자가 세존께 말씀드렸습니다.

"세존이시여, 미래세에, 머나먼 훗날, 500년 후 바른 가르침[正法; saddharma]이 쇠멸(衰滅)한 시기에, 이와 같은 법을 듣고 확고하게 믿는 중생들이 있을까요?"

세존께서 말씀하셨습니다.

"수보리여, 그들은 중생(衆生)이 아니고, 중생이 아닌 것도 아니랍니다. 왜냐고요? 수보리여, '중생'이란 모두가 '중생이 아닌 것'을 여래가 그렇게 말한 것이며, 그래서 '중생'이라고 불린답니다."

제22

무법가득분(無法可得分)*

―

깨달아 얻을 바 없다

"수보리여, 어떻게 생각하나요. 여래가 깨달은 아누다라삼먁삼보리라는 그 어떤 법이 있을까요?"

수보리 존자가 말씀드렸습니다.

―

* 제22 무법가득분(無法可得分)도 제21 비설소설분(非說所說分)과 마찬가지로 제7 무득무설분(無得無說分)을 강조한 부분이다. 아상으로 인하여 일어난 모든 망상(妄想)이 사라진 것을 '아누다라삼먁삼보리'라고 부를 뿐, 여래와 중생을 구분하는 '아누다라삼먁삼보리'는 없음을 강조하고 있다.

"그렇지 않습니다. 세존이시여! 세존이시여, 여래가 깨달은 아누다라삼먁삼보리라는 그 어떤 법도 없습니다."

세존께서 말씀하셨습니다.

"그렇습니다. 수보리여, 그렇습니다. 거기에서 발견한 법이나 얻은 법은 조금도 없답니다. 그래서 '아누다라삼먁삼보리'라고 불린답니다."

제23

정심행선분(淨心行善分)*

―

차별 없이 평등함을 깨닫는다

"수보리여, 그리고 그 법은 평등(平等)하며, 거기에는 어떤 차별(差別)도 없습니다. 그래서 '아누다라삼먁삼보리(더없이 평등한 바른 깨달음)'라고 불리는 것입니다. 자아의 성품[自我性]이 없고, 중생의 성품[衆生性]이 없고, 수명의 성품[壽者性]이 없고, 인간의 성품[個人性]이 없어서

―

* 제23 정심행선분(淨心行善分)에서는 제17 구경무아분(究竟無我分)에서 이야기한 여래가 깨달은 법의 내용을 강조하고 있다. 여래가 깨달은 연기법은 "모든 생명은 서로 의지하여 살아가는 한생명이므로, 어떤 차별도 있을 수 없다."는 진리이다.

평등한 그 '아누다라삼먁삼보리'는 모든 선법(善法)에 의해서 깨달아집니다. 왜냐하면, 수보리여, '선법'이란 '법이 아닌 것'을 여래가 그렇게 말한 것이며, 그래서 '선법'이라고 불리기 때문입니다."

제24

복지무비분(福智無比分)*

금강경의 공덕은 비할 바 없다

"수보리여, 어떤 여인이나 사내는 삼천대천세계에 있는 산들의 왕인 수미산들만큼 많은 칠보(七寶)를 가지고 여래·아라한·등정각에게 보시를 행하고, 어떤 선남자나 선여인은 이 반야바라밀다 법문에서 단지 사구게(四句偈)만이라도 뽑아서 다른 사람을 위하여 설명해 준

---

* 제24 복지무비분(福智無比分)에서는 제11 무위승복분(無爲勝福分)에서 이야기한 반야바라밀의 중요성을 강조하고 있다. 지혜로 통찰하여 모든 생명이 차별 없이 평등한 한생명임을 자각하여 평화롭게 사는 것이 가장 훌륭한 복덩어리라는 것이다.

다면, 수보리여, 이 복덩어리에 저 앞의 복덩어리는 백분의 일에도 미치지 못하며, 비교할 수조차 없답니다."

제25

화무소화분(化無所化分)*

집착을 버리면 중생이 부처다

"수보리여, 어떻게 생각하나요. 여래는 '내가 중생들을 해탈시켰다'라고 생각할까요? 수보리여, 이와 같이 보아서는 안 됩니다. 왜냐하면 수보리여, 여래가 해탈시킬 그 어떤 중생도 없기 때문입니다. 수보리여, 만약에 여래가 해탈시킨 어떤 중생이 있다면, 실로 여래에게는 자아에 대한 집착이 있고, 중생에 대한 집착, 수명에 대

---

* 한생명으로 살아가는 삶 속에는 자타(自他)의 분별이 있을 수 없으므로 교화를 하는 자와 교화를 받는 자의 분별도 있을 수 없다는 말씀이다.

한 집착, 개인에 대한 집착이 있는 것이 될 것입니다.

수보리여, 자아에 대한 집착이란 집착할 수 없는 것을 여래가 그렇게 말한 것입니다. 그런데 어리석은 범부(凡夫)들은 그것을 집착합니다. 수보리여, (지금 여래가 말하는) 어리석은 범부들이란 범부가 아닌 것을 여래가 그렇게 말한 것입니다. 그래서 범부라고 불리는 것입니다."

제26

법신비상분(法身非相分)*

법신은 형상(形相)이 아니다

"수보리여, 어떻게 생각하나요. 특징을 구족했기 때문에 여래라고 보아야 할까요?"

수보리가 말씀드렸습니다.

"그렇지 않습니다. 세존이시여! 제가 세존께서 하신

---

* 제26 법신비상분(法身非相分)에서는 제5 여리실견분(如理實見分)의 내용을 강조하고 있다.

말씀의 의미를 이해한 바로는, 특징을 구족했기 때문에 여래라고 보아서는 안 됩니다."

세존께서 말씀하셨습니다.

"옳습니다. 수보리여, 옳습니다. 바로 그렇습니다. 수보리여, 그대가 '특징을 구족했기 때문에 여래라고 보아서는 안 된다'라고 말한 그대로입니다. 왜냐하면, 특징을 구족했기 때문에 여래라고 보아야 한다면, 전륜성왕(轉輪聖王)도 여래라고 보아야 하기 때문입니다. 그러므로 특징을 구족했기 때문에 여래라고 보아서는 안 됩니다."

수보리 존자가 세존께 말씀드렸습니다.

"제가 세존께서 하신 말씀의 의미를 이해한 바로는, 특징을 구족했기 때문에 여래라고 보아서는 안 됩니다."

그러자 세존께서 그때 다음과 같은 게송(偈頌)을 읊으셨습니다.

형색(形色)으로 나를 보거나
명성(名聲)으로 나를 따르는 사람들은
그릇된 수행을 하는 것이니
그 사람들은 나를 보지 못하리라.

부처님들은 법으로 보아야 한다네.
법신(法身)이 안내자라네.
법신은 분별(分別)되지 않나니
그것은 분별할 수가 없다네.

제27

무단무멸분(無斷無滅分)*

생명에 단멸(斷滅)은 없다

"수보리여, 어떻게 생각하나요. 여래는 특징을 구족했기 때문에 아누다라삼먁삼보리를 깨달았을까요? 수보리여, 그대는 이렇게 봐서는 안 됩니다. 왜냐하면 수보리여, 여래는 결코 특징을 구족했기 때문에 아누다라삼먁삼보리를 깨달은 것이 아니기 때문입니다.

수보리여, 그리고 누구라도 '보살승으로 함께 나아가

---

* 제27 무단무멸분(無斷無滅分)에서는 보살의 길로 함께 나아가는 사람들은 허무주의자가 아니라는 것을 밝히고 있다.

는 사람들은 어떤 법이든 소멸(消滅)하거나 단멸(斷滅)한 다고 선언한다'라고 말해서는 안 될 뿐만 아니라, 그렇게 봐서도 안 됩니다. 왜냐하면, 보살승으로 함께 나아가는 사람들은 어떤 법이든 소멸하거나 단멸한다고 선언하지 않기 때문입니다."

제28

불수불탐분(不受不貪分)*

공덕을 짓되 취하지 말라

"수보리여, 그리고 어떤 선남자나 선여인이 갠지스 강의 모래수와 같은 수의 세계(世界)를 칠보(七寶)로 가득 채워서 여래·아라한·등정각들에게 보시를 행하는 것보다 무아법(無我法) 무생법(無生法)들 가운데서 인욕을 성취하면, 이것이 그로 인하여 측량할 수 없고, 헤아릴 수 없이 더 많은 복덩어리를 낳습니다.

---

* 복덩어리를 자신의 것으로 취하는 것은 무아(無我)와 무생(無生)의 도리를 이해하지 못한 것이다. 우리가 지은 복은 개인의 복이 아니라 사회 전체의 복이 되어야 한다는 말씀이다.

수보리여, 그렇지만 보살들, 마하살들은 복덩어리를 취해서는 안 됩니다."

수보리 존자가 말씀드렸습니다.

"세존이시여, 어찌 보살들, 마하살들이 복덩어리를 취하겠습니까?"

세존께서 말씀하셨습니다.

"수보리여, 취한다면 파악하지 못한 것입니다. 그래서 '취한다'라고 불린답니다."

제29

위의적정분(威儀寂靜分)*

여래는 가지도 오지도 않는다

"수보리여, 그리고 누구든지 '여래는 가거나, 오거나, 서거나, 앉거나, 눕는다'라고 말하는 사람은, 수보리여, 그 사람은 내 가르침의 의미를 이해하지 못한 것입니다. 왜냐하면 수보리여, 어디로 가지도 않고, 어디에서 오지도 않는 것을 여래라고 부르기 때문입니다. 그래서 여래·아라한·등정각이라고 불린답니다."

---

* 여래는 과거에서 와서[生] 미래로 가는[死] 존재가 아니라, 지금, 여기에서 온 우주[法界]와 함께 연기하고 있는 삶을 의미한다.

제30

일합이상분(一合理相分)**

세계는 마음에서 연기(緣起)한다

"수보리여, 그리고 어떤 선남자나 선여인이 헤아릴 수 없이 많은 노력을 기울여 삼천대천세계의 흙먼지 수만큼의 세계를 미진취(微塵聚)가 될 때까지 가루로 만든다면, 수보리여, 어떻게 생각하나요. 그 미진취는 많지 않

** 제30 일합이상분(一合理相分)은 제13 여법수지분(如法受持分)의 내용을 강조하는 부분이다. 불교의 세계관에 의하면, 세계는 인간과 독립적으로 실재하는 것이 아니다. 세계는 인간이 보고, 느끼고, 생각하는 삶과 함께 있다. 모든 생물에게는 그들의 삶과 함께 그들의 세계가 있다. 불교에서 이야기하는 세계는 이렇게 생명들의 인지구조를 통해 그 구조와 함께 나타난다. 따라서 불교에서는 생명과 세계가 분리되지 않는다.

을까요?"

수보리가 말씀드렸습니다.

"그렇습니다. 세존이시여! 그렇습니다. 선서시여! 그 미진취는 많습니다. 왜냐하면, 세존이시여, 만약에 (실제로) 많은 미진취가 있다면, 세존께서는 미진취라는 말씀을 하시지 않았을 것입니다. 세존이시여, 세존께서 미진취라는 말씀을 하시는 것은 그것이 취(聚)가 아니라는 것을 말씀하시기 위한 것이며, 그래서 미진취라고 부르셨기 때문입니다.

그리고 여래께서 삼천대천세계라고 말씀하신 것은 여래께서 그것이 계(界)가 아니라는 것을 말씀하시기 위한 것이며, 그래서 삼천대천세계라고 부르셨습니다. 왜냐하면, 세존이시여, 만약에 세계가 있다면, 그것은 '덩어리의 취합(聚合)'일 것입니다. 그런데 사실은 여래께서 '덩어리의 취합'이라는 말씀을 하신 것은 그것이 취합이 아니라는 것을 말씀하시기 위한 것이며, 그래서 '덩어리의 취합'이라고 부르셨기 때문입니다."

세존께서 말씀하셨습니다.

"수보리여, '덩어리의 취합'이란 실로 말도 되지 않기 때문에 언급할 수 없으며, 그것은 법도 아니고, 비법(非法)도 아닌데, 어리석은 범부들이 그렇게 파악하고 있을 뿐이랍니다."

제31

지견불생분(知見不生分)*

―

불교는 이론이 아니다

"그렇게 말하는 이유는 무엇일까요? 수보리여, 어떤 사람이 '여래는 아견(我見)을 설했고, 여래는 중생견(衆生見)·수자견(壽者見)·인견(人見)을 설했다'라고 말한다면, 수보리여, 그는 바른 말을 한 것일까요?"

―

* 제1장의 〈2. 보살의 서원(誓願)〉에서 살펴보았듯이, 부처님은 인간과 세계에 관한 모순적인 견해를 물리치고 연기를 설하셨다. 나와 세계는 상호의존하는 삶의 구조를 통해서 연기할 뿐, 시간과 공간 속에서 자아와 세계라고 할 수 있는 어떤 것도 없다는 것이다. 따라서 부처님의 가르침이라고 할 만한 어떤 것도 따로 존재하지 않음을 강조하고 있다.

수보리가 말씀드렸습니다.

"그렇지 않습니다. 세존이시여! 그렇지 않습니다. 선서시여! 그는 바른 말을 한 것이 아닙니다. 왜냐하면, 세존이시여, 세존께서 아견(我見)을 말씀하신 것은 그것이 (올바른) 견(見)이 아니라는 것을 말씀하시기 위한 것이며, 그래서 아견(我見)이라고 부르셨기 때문입니다."

세존께서 말씀하셨습니다.

"그렇습니다. 수보리여! 보살승으로 함께 나아가는 사람들은 일체의 가르침[法]들을 알아야 하고, 보아야 하고, 확신해야 합니다. 가르침이라는 관념[法想]을 일으키지 않고 알아야 하고, 보아야 하고, 확신해야 합니다. 왜냐하면, 수보리여, 여래가 가르침이라는 관념을 설한 것은 관념[想]이 아니라는 것을 이야기하기 위한 것입니다. 그래서 가르침이라는 관념[法想]이라고 부른 것입니다."

제32

응화비진분(應化非眞分)[*]

일체의 유위(有爲)는 환상이다

"수보리여, 그리고 어떤 보살, 마하살이 측량할 수 없고 헤아릴 수 없는 세계를 칠보(七寶)로 가득 채워서 여래·아라한·등정각에게 보시를 행하는 것보다, 어떤 선남자나 선여인이 이 반야바라밀다 법문에서 단지 사구게만이라도 파악하여 지니고, 설하고, 독송하고, 이해

---

* 제32 응화비진분(應化非眞分)은 『금강경』의 결론이다. 『금강경』의 취지는 모든 논쟁과 분열을 종식하고 일체중생을 열반의 세계로 인도하는 보살의 길로 함께 나아가자는 것이다. 불교는 꿈에서 깨어나 일체법의 실상을 깨닫도록 가르칠 뿐이므로, 보여줌이 없이 보여주는 것이 불교를 바르게 보여주는 것이다.

하여, 다른 사람을 위하여 상세하게 바르게 보여준다면, 수보리여, 그로 인하여 측량할 수 없고, 헤아릴 수 없이 더 많은 복덩어리를 얻게 된답니다.

그러면 어떻게 보여주어야 할까요? 보여줌이 없이 보여주어야 합니다. 그래야 바르게 보여준 것이라고 할 수 있습니다.

깜빡이는 별빛이나 등불과 같고,
환영(幻影)이나 이슬이나 물거품 같고,
꿈이나 번개나 구름과 같네.
유위(有爲)는 이와 같이 보아야 하네."

이것이 세존께서 하신 말씀입니다. 장로 수보리와 비구·비구니·우바새·우바이 그리고 보살들과 천신(天神)·인간·아수라·건달바를 포함하는 세간은 세존의 말씀에 만족하고 기뻐했습니다.

금강경 해제

경의 이름

『금강경』은 범어(梵語)로 Vajrachedikā-prajñāpāramitā-sūtra이다. 'Vajra'는 번개와 벼락, 또는 번개와 벼락의 신인 제석천(帝釋天)이 들고 다니는 무기로서 금강저(金剛杵)로 한역(漢譯)되는데, 『금강경』에서는 '金剛'으로 한역되었다. 'chedikā'는 '끊는, 절단하는'이라는 의미를 지닌 말이다. 'prajñā'는 반야, 즉 통찰지(通察智)를 의미하고, 'pāramitā'는 '피안(彼岸)으로 간다'는 의미이며, 'sūtra'는

경(經)을 의미한다. 따라서 경의 제목을 범어 그대로 번역한다면 '金剛杵能斷般若波羅蜜多經'이 된다.

『금강경』에서 금강저(金剛杵; Vajra)는 반야(般若; prajñā)를 상징한다. 반야가 오온을 자아라고 생각하는 아상을 끊어버린다는 것이다. 그렇다면 반야는 무엇이기에 오온을 자아라고 생각하는 아상을 끊을 수 있을까? 반야는 통찰하는 지혜, 즉 통찰지(通察智)이다. 우리가 자아라고 생각하고 있는 오온을 통찰하여 그것이 무상(無常)하고, 괴롭고, 변화하는 현상[法]이라는 것을 알고 '이것은 나의 소유가 아니다. 이것은 내가 아니다. 이것은 나의 자아가 아니다.'라고 판단하는 것이 통찰지이다.

이렇게 통찰지로 오온이 자아가 아니라는 것을 통찰함으로써 아상을 끊어버리고 자아라는 망상(妄想)에서 해탈하는 것이 부처님께서 가르치신 열반(涅槃)이다. 열반은 바른 통찰지로 오온을 통찰하여 무아(無我)를 자각함으로써 성취된다. 반야바라밀, 즉 'prajñāpāramitā'는 이와 같이 '통찰지로 피안(열반)에 도달한다.'는 뜻이다. 『금강경』은 반야로 오온을 자아라고 생각하는 아상을 끊어서 열반의 저 언덕에 도달하도록 하는 가르침인 것이다.

『금강경』은 어떤 경인가?

대승경전 가운데서 반야부(般若部)는 가장 일찍 성립된 경전인데, 『금강경』은 반야부에 속하는 초기대승경전이다. 『금강경』에는 대승(大乘; mahāyāna)이라는 말이 나오지 않는다. 이것은 이 경이 대승불교가 아비달마불교를 소승(小乘; hīnayāna)이라고 비난하면서 자신들을 대승이라고 부르기 이전에 성립된 것임을 보여준다. 따라서 『금강경』은 반야부 경전 가운데서도 가장 빠른 시기에 성립된 경이라는 것을 알 수 있다.

우리는 대승불교운동의 초기에 형성된 반야부 경전과 『금강경』을 통해서 왜 대승불교운동이 일어났으며, 대승불교는 무엇을 추구했는지를 알 수 있다. 반야부 경전이란 반야바라밀(般若波羅蜜; prajñāpāramitā)을 설하는 경전을 말한다. 어떤 사람들은 반야바라밀을 '지혜의 완성'이라고 이야기하는데, 그보다는 '통찰하는 지혜[般若]로 저 언덕[涅槃]에 간다.'로 보는 것이 옳다. 왜냐하면 반야부 경전은 '지혜의 완성'을 목표로 설해진 것이 아니라, '열반은 반야, 즉 통찰하는 지혜를 통해 성취된다.'는 것을 주장하는 경전이기 때문이다. 이것을 상징하는 것이 반야용선(般若龍船)이다. 반야는 괴로운 이 언덕(生死)에서 행복한 저 언덕(涅槃)으로 건네주는 배와 같은 것이다.

반야부 경전들이 주장하는 것은 열반이 깊은 선정 속에 머무는 것이 아니라, 통찰지로 통찰하여 머물지 않고 벗어남으로써 성취된다는 것이다. 그렇다면 왜 초기 대승불교운동가들은 이러한 반야바라밀을 주장했을까? 그것은 당시의 아비달마불교가 선정 속에서 열반을 구하고 있었기 때문이다. 현실을 피하여 선정 속에 빠져 있지 말고, 현실을 직시하고 지혜로 통찰하여 현실의 문제를 해결하는 것이 진정한 불교이고, 열반이라는 것이 초기 대승불교운동가들의 주장이며, 『금강경』은 이러한 대승불교운동가들에 의해 초기에 성립된 경이다.

한역본

금강경

구마라집 한역(漢譯)

金剛經
금 강 경

—

鳩摩羅什 漢譯
구마라집 한역

法會因由分 第一
법회인유분 제 1

如是我聞 一時 佛在舍衛國 祇樹給孤獨園 與大比丘衆
여시아문 일시 불재사위국 기수급고독원 여대비구중

千二百五十人俱 爾時 世尊 食時 着衣持鉢 入舍衛大城
천이백오십인구 이시 세존 식시 착의지발 입사위대성

乞食 於其城中 次第乞已 還至本處 飯食訖 收衣鉢
걸식 어기성중 차제걸이 환지본처 반사흘 수의발

洗足已 敷座而坐.
세족이 부좌이좌

善現起請分 第二
선현기청분 제2

時 長老須菩提 在大衆中 卽從座起 偏袒右肩 右膝着
시 장로수보리 재대중중 즉종좌기 편단우견 우슬착

地 合掌恭敬 而白佛言 希有世尊 如來 善護念 諸菩薩
지 합장공경 이백불언 희유세존 여래 선호념 제보살

善付囑 諸菩薩 世尊 善男子 善女人 發阿耨多羅三藐
선부촉 제보살 세존 선남자 선여인 발아누다라삼막

三菩提心 應云何住 云何降伏其心 佛言 善哉善哉 須
삼보리심 응운하주 운하항복기심 불언 선재선재 수

菩提 如汝所說 如來 善護念 諸菩薩 善付囑 諸菩薩
보리 여여소설 여래 선호념 제보살 선부촉 제보살

汝今諦請 當爲汝說 善男子 善女人 發阿耨多羅三藐三
여금제청 당위여설 선남자 선여인 발아누다라삼막삼

菩提心 應如是住 如是降伏其心 唯然 世尊 願樂欲聞.
보리심 응여시주 여시항복기심 유연 세존 원요욕문

大乘正宗分 第三
대승정종분 제3

佛告 須菩提 諸菩薩 摩訶薩 應如是 降伏其心 所有
불고 수보리 제보살 마하살 응여시 항복기심 소유

一切 衆生之類 若卵生 若胎生 若濕生 若化生 若有色
일체 중생지류 약난생 약태생 약습생 약화생 약유색

若無色 若有想 若無想 若非有想 非無想 我皆令入
약무색 약유상 약무상 약비유상 비무상 아개영입

無餘涅槃 而滅度之 如是滅度 無量無數 無邊衆生
무여열반 이멸도지 여시멸도 무량무수 무변중생

實無衆生 得滅度者 何以故 須菩提 若菩薩 有我相
실무중생 득멸도자 하이고 수보리 약보살 유아상

人相 衆生相 壽者相 則非菩薩.
인상 중생상 수자상 즉비보살

妙行無住分 第四
묘행무주분 제 4

復次 須菩提 菩薩 於法 應無所住 行於布施 所謂
부차 수보리 보살 어법 응무소주 행어보시 소위

不住色 布施 不住 聲香味觸法 布施 須菩提 菩薩
부주색 보시 부주 성향미촉법 보시 수보리 보살

應 如是布施 不住於相 何以故 若菩薩 不住相布施
응 여시보시 부주어상 하이고 약보살 부주상보시

其福德 不可思量 須菩提 於意云何 東方虛空
기복덕 불가사량 수보리 어의운하 동방허공

可思量不 不也世尊 須菩提 南西北方 四維 上下虛空
가사량부 불야세존 수보리 남서북방 사유 상하허공

可思量不 不也 世尊 須菩提 菩薩 無住相 布施福德
가사량부 불야 세존 수보리 보살 무주상 보시복덕

亦復如是 不可思量 須菩提 菩薩 但應如所教住.
역부여시 불가사량 수보리 보살 단응여소교주

如理實見分 第五
여리실견분 제 5

須菩提 於意云何 可以身相 見如來不 不也世尊
수보리 어의운하 가이신상 견여래부 불야세존

不可以身相 得見如來 何以故 如來 所說身相 卽非身相
불가이신상 득견여래 하이고 여래 소설신상 즉비신상

佛告須菩提 凡所有相 皆是虛妄 若見諸相非相
불고수보리 범소유상 개시허망 약견제상비상

則見如來.
즉견여래

正信希有分 第六
정신희유분 제 6

須菩提 白佛言 世尊 頗有衆生 得聞如是言說章句
수보리 백불언 세존 파유중생 득문여시언설장구

生實信不 佛告 須菩提 莫作是說 如來滅後 後五百歲
생실신부 불고 수보리 막작시설 여래멸후 후오백세

有持戒修福者 於此章句 能生信心 以此爲實 當知 是人
유지계수복자 어차장구 능생신심 이차위실 당지 시인

不於一佛二佛三四五佛 而種善根 已於無量 千萬佛所
불어일불이불삼사오불 이종선근 이어무량 천만불소

種諸善根 聞是章句 乃至一念 生淨信者 須菩提 如來
종제선근 문시장구 내지일념 생정신자 수보리 여래

悉知悉見 是諸衆生 得如是 無量福德 何以故 是諸衆生
실지실견 시제중생 득여시 무량복덕 하이고 시제중생

無復我相人相 衆生相 壽者相 無法相 亦無非法相
무부아상인상 중생상 수자상 무법상 역무비법상

何以故 是諸衆生 若心取相 則爲着 我人衆生壽者
하이고 시제중생 약심취상 즉위착 아인중생수자

若取法相 則着 我人衆生壽者 何以故 若取非法相
약취법상 즉착 아인중생수자 하이고 약취비법상

卽着我人衆生壽者 是故 不應取法 不應取非法
즉착아인중생수자 시고 불응취법 불응취비법

以是義故 如來常說 汝等比丘 知我說法 如筏喩者
이시의고 여래상설 여등비구 지아설법 여벌유자

法尙應捨 何況非法.
법상응사 하황비법

無得無說分 第七
무득무설분 제7

須菩提 於意云何 如來得阿耨多羅三藐三菩提耶
수보리 어의운하 여래득아누다라삼먁삼보리야

如來有所說法耶 須菩提言 如我解佛所說義 無有定法
여래유소설법야 수보리언 여아해불소설의 무유정법

名阿耨多羅三藐三菩提 亦無有定法 如來可說 何以故
명아누다라삼먁삼보리 역무유정법 여래가설 하이고

如來所說法 皆不可取 不可說 非法 非非法 所以者何
여래소설법 개불가취 불가설 비법 비비법 소이자하

一切賢聖 皆以無爲法 而有差別.
일체현성 개이무위법 이유차별

依法出生分 第八
의법출생분 제8

須菩提 於意云何 若人 滿三千大千世界七寶 以用布施
수보리 어의운하 약인 만삼천대천세계칠보 이용보시

是人 所得福德 寧爲多不 須菩提言 甚多 世尊 何以故
시인 소득복덕 영위다부 수보리언 심다 세존 하이고

是福德 卽非福德性 是故 如來說 福德多 若復有人
시복덕 즉비복덕성 시고 여래설 복덕다 약부유인

於此經中 受持乃至四句偈等 爲他人說 其福 勝彼
어차경중 수지내지사구게등 위타인설 기복 승피

何以故 須菩提 一切諸佛 及諸佛阿耨多羅三藐三菩提法
하이고 수보리 일체제불 급제불아누다라삼약삼보리법

皆從此經出 須菩提 所謂 佛法者 卽非佛法.
개종차경출 수보리 소위 불법자 즉비불법

一相無相分 第九
일상무상분 제 9

須菩提 於意云何 須陀洹 能作是念 我得須陀洹果不
수보리 어의운하 수다원 능작시념 아득수다원과부

須菩提言 不也 世尊 何以故 須陀洹 名爲入流
수보리언 불야 세존 하이고 수다원 명위입류

而無所入 不入色聲香味觸法 是名須陀洹 須菩提 於意
이무소입 불입색성향미촉법 시명수다원 수보리 어의

云何 斯陀含 能作是念 我得斯陀含果不 須菩提言 不也
운하 사다함 능작시념 아득사다함과부 수보리언 불야

世尊 何以故 斯陀含 名 一往來 而實無往來 是名斯陀含
세존 하이고 사다함 명 일왕래 이실무왕래 시명사다함

須菩提 於意云何 阿那含 能作是念 我得阿那含果不
수보리 어의운하 아나함 능작시념 아득아나함과부

須菩提言 不也 世尊 何以故 阿那含 名爲不來
수보리언 불야 세존 하이고 아나함 명위불래

而實無不來 是故 名阿那含 須菩提 於意云何 阿羅漢
이실무불래 시고 명아나함 수보리 어의운하 아라한

能作是念 我得阿羅漢道不 須菩提言 不也 世尊 何以故
능작시념 아득아라한도부 수보리언 불야 세존 하이고

實無有法 名阿羅漢 世尊 若阿羅漢 作是念 我得阿羅漢道
실무유법 명아라한 세존 약아라한 작시념 아득아라한도

卽爲着 我人衆生壽者 世尊佛說 我得無諍三昧
즉위착 아인중생수자 세존불설 아득무쟁삼매

人中最爲第一 是第一離欲阿羅漢 世尊 我不作是念
인중최위제일 시제일이욕아라한 세존 아부작시념

我是離欲阿羅漢 世尊 我若作是念 我得阿羅漢道
아시이욕아라한 세존 아약작시념 아득아라한도

世尊則不說 須菩提 是樂阿蘭那行者 以須菩提 實無所行
세존즉불설 수보리 시요아란나행자 이수보리 실무소행

而名須菩提 是樂阿蘭那行.
이명수보리 시요아란나행

莊嚴淨土分 第十
장엄정토분 제10

佛告 須菩提 於意云何 如來 昔在燃燈佛所
불고 수보리 어의운하 여래 석재연등불소

於法 有所得不 不也 世尊 如來在 燃燈佛所 於法
어법 유소득부 불야 세존 여래재 연등불소 어법

實無所得 須菩提 於意云何 菩薩 莊嚴佛土不 不也
실무소득 수보리 어의운하 보살 장엄불토부 불야

世尊 何以故 莊嚴佛土者 卽非莊嚴 是名莊嚴 是故
세존 하이고 장엄불토자 즉비장엄 시명장엄 시고

須菩提 諸菩薩 摩訶薩 應如是生淸淨心 不應住色生心
수보리 제보살 마하살 응여시생청정심 불응주색생심

不應住聲香味觸法生心 應無所住 而生其心
불응주성향미촉법생심 응무소주 이생기심

須菩提 譬如有人 身如須彌山王 於意云何 是身爲大不
수보리 비여유인 신여수미산왕 어의운하 시신위대부

須菩提言 甚大 世尊 何以故 佛說非身 是名大身
수보리언 심대 세존 하이고 불설비신 시명대신

無爲福勝分 第十一
무위복승분 제 11

須菩提 如恒河中 所有沙數 如是沙等恒河 於意云何
수보리 여항하중 소유사수 여시사등항하 어의운하

是諸恒河沙 寧爲多不 須菩提言 甚多 世尊 但諸恒河
시제항하사 영위다부 수보리언 심다 세존 단제항하

尙多無數 何況其沙 須菩提 我今實言告汝 若有善男子
상다무수 하황기사 수보리 아금실언고여 약유선남자

善女人 以七寶 滿 爾所恒河沙數 三千大千世界
선여인 이칠보 만 이소항하사수 삼천대천세계

以用布施 得福多不 須菩提言 甚多 世尊 佛告須菩提
이용보시 득복다부 수보리언 심다 세존 불고수보리

若善男子 善女人 於此經中 乃至受持 四句偈等
약선남자 선여인 어차경중 내지수지 사구게등

爲他人說 而此福德 勝前福德.
위타인설 이차복덕 승전복덕

尊重正敎分 第十二
존중정교분 제 12

復次 須菩提 隨說是經 乃至四句偈等 當知 此處
부차 수보리 수설시경 내지사구게등 당지 차처

一切世間 天人阿修羅 皆應供養 如佛塔廟 何況有人
일체세간 천인아수라 개응공양 여불탑묘 하황유인

盡能受持讀誦 須菩提 當知 是人 成就最上第一希有之
진능수지독송 수보리 당지 시인 성취최상제일희유지

法 若是經典所在之處 則爲有佛 若尊重弟子.
법 약시경전소재지처 즉위유불 약존중제자

如法受持分 第十三
여 법 수 지 분 제 13

爾時 須菩提 白佛言 世尊 當何名此經 我等 云何奉持
이시 수보리 백불언 세존 당하명차경 아등 운하봉지

佛告須菩提 是經 名爲 金剛般若波羅蜜 以是名字
불고수보리 시경 명위 금강반야바라밀 이시명자

汝當奉持 所以者何 須菩提 佛說 般若波羅蜜
여당봉지 소이자하 수보리 불설 반야바라밀

卽非般若波羅蜜 是名般若波羅蜜 須菩提 於意云何
즉비반야바라밀 시명반야바라밀 수보리 어의운하

如來有 所說法不 須菩提 白佛言 世尊 如來 無所說
여래유 소설법부 수보리 백불언 세존 여래 무소설

須菩提 於意云何 三千大千世界 所有微塵 是爲多不
수보리 어의운하 삼천대천세계 소유미진 시위다부

須菩提言 甚多 世尊 須菩提 諸微塵 如來說 非微塵
수보리언 심다 세존 수보리 제미진 여래설 비미진

是名微塵 如來說世界 非世界 是名世界 須菩提
시명미진 여래설세계 비세계 시명세계 수보리

於意云何 可以三十二相 見如來不 不也 世尊
어의운하 가이삼십이상 견여래부 불야 세존

不可以三十二相 得見如來 何以故 如來說 三十二相
불가이삼십이상 득견여래 하이고 여래설 삼십이상

卽是非相 是名三十二相 須菩提 若有善男子 善女人
즉시비상 시명삼십이상 수보리 약유선남자 선여인

以恒河沙等身命 布施 若復有人 於此經中
이 항하사등신명 보시   약부유인   어차경중

乃至受持四句偈等 爲他人說 其福甚多.
내지수지사구게등 위타인설 기복심다

離相寂滅分 第十四
이상적멸분 제 14

爾時 須菩提 聞說是經 深解義趣 涕淚悲泣 而白佛言
이시 수보리 문설시경 심해의취 체루비읍 이백불언

希有世尊 佛說 如是甚深經典 我從昔來 所得慧眼
희유세존 불설 여시심심경전 아종석래 소득혜안

未曾得聞 如是之經 世尊 若復有人 得聞是經 信心
미증득문 여시지경 세존 약부유인 득문시경 신심

清淨 則生實相 當知是人 成就第一希有功德 世尊
청정 즉생실상 당지시인 성취제일희유공덕 세존

是實相者 則是非相 是故 如來 說名實相 世尊 我今
시실상자 즉시비상 시고 여래 설명실상 세존 아금

得聞如是經典 信解受持 不足爲難 若 當來世 後五百歲
득문여시경전 신해수지 부족위난 약 당래세 후오백세

其有衆生 得聞是經 信解受持 是人 則爲第一希有
기유중생 득문시경 신해수지 시인 즉위제일희유

何以故 此人 無我相 無人相 無衆生相 無壽者相
하이고 차인 무아상 무인상 무중생상 무수자상

所以者何 我相 卽是非相 人相 衆生相 壽者相
소이자하 아상 즉시비상 인상 중생상 수자상

卽是非相 何以故 離 一切諸相 則名諸佛 佛告須菩提
즉시비상 하이고 이 일체제상 즉명제불 불고수보리

如是如是 若復有人 得聞是經 不驚 不怖不畏 當知
여시여시 약부유인 득문시경 불경 불포불외 당지

是人 甚爲希有 何以故 須菩提 如來說 第一波羅蜜
시인 심위희유 하이고 수보리 여래설 제일바라밀

卽非第一波羅蜜 是名第一 波羅蜜 須菩提 忍辱波羅蜜
즉비제일바라밀 시명제일 바라밀 수보리 인욕바라밀

如來說 非忍辱波羅蜜 是名忍辱波羅蜜 何以故 須菩提
여래설 비인욕바라밀 시명인욕바라밀 하이고 수보리

如我昔爲歌利王 割截身體 我於爾 時 無我相 無人相
여아석위가리왕 할절신체 아어이 시 무아상 무인상

無衆生相 無壽者相 何以故 我於往昔節節支解時
무중생상 무수자상 하이고 아어왕석절절지해시

若有 我相 人相 衆生相 壽者相 應生嗔恨
약유 아상 인상 중생상 수자상 응생진한

須菩提 又念 過去於五百世 作忍辱仙人 於爾所世
수보리 우념 과거어오백세 작인욕선인 어이소세

無我相 無人相 無衆生相 無壽者相 是故 須菩提 菩薩
무아상 무인상 무중생상 무수자상 시고 수보리 보살

應離一切相 發 阿耨多羅三藐三菩提心 不應住色生心
응리일체상 발 아누다라삼먁삼보리심 불응주색생심

不應住 聲香味觸法生心 應生無所住心 若心有住
불응주 성향미촉법생심 응생무소주심 약심유주

則爲非住 是故 佛說 菩薩 心不應住色布施 須菩提
즉위비주 시고 불설 보살 심불응주색보시 수보리

菩薩 爲利益一切衆生 應如是布施 如來說 一切諸相
보살 위이익일체중생 응여시보시 여래설 일체제상

卽是非相 又說一切衆生 卽非衆生 須菩提 如來
즉시비상 우설일체중생 즉비중생 수보리 여래

是眞語者 實語者 如語者 不誑語者 不異語者 須菩提
시진어자 실어자 여어자 불광어자 불이어자 수보리

如來所得法 此法 無實無虛 須菩提 若菩薩 心住於法
여래소득법 차법 무실무허 수보리 약보살 심주어법

而行布施 如人 入闇 則無所見 若菩薩 心不住法
이행보시 여인 입암 즉무소견 약보살 심부주법

而行布施 如人 有目 日光 明照見種種色 須菩提
이행보시 여인 유목 일광 명조견종종색 수보리

當來之世 若有善男子 善女人 能於此經 受持讀誦
당래지세 약유선남자 선여인 능어차경 수지독송

則爲如來 以佛智慧 悉知是人 悉見是人 皆得成就
즉위여래 이불지혜 실지시인 실견시인 개득성취

無量無邊功德.
무량무변공덕

持經功德分 第十五
지경공덕분 제 15

須菩提 若有 善男子 善女人 初日分 以恒河沙等身 布施
수보리 약유 선남자 선여인 초일분 이항하사등신 보시

中日分 復以恒河沙等身 布施 後日分 亦以恒河沙等身
중일분 부이항하사등신 보시 후일분 역이항하사등신

布施 如是無量百千萬億劫 以身布施 若復有人 聞此經典
보시 여시무량백천만억겁 이신보시 약부유인 문차경전

信心不逆 其福勝彼 何況書寫受持讀誦 爲人解說 須菩提
신심불역 기복승피 하황서사수지독송 위인해설 수보리

以要言之 是經 有不可思議 不可稱量 無邊功德 如來
이요언지 시경 유불가사의 불가칭량 무변공덕 여래

爲發 大乘者說 爲發 最上乘者說 若有人 能 受持讀誦
위발 대승자설 위발 최상승자설 약유인 능 수지독송

廣爲人說 如來 悉知是人 悉見是人 皆得成就 不可量
광위인설 여래 실지시인 실견시인 개득성취 불가량

不可稱 無有邊 不可思議功德 如是人等 則爲荷擔 如來
불가칭 무유변 불가사의공덕 여시인등 즉위하담 여래

阿耨多羅三藐三菩提 何以故 須菩提 若樂小法者 着我見
아누다라삼먁삼보리 하이고 수보리 약요소법자 착아견

人見 衆生見 壽者見 則於此經 不能聽受讀誦 爲人解說
인견 중생견 수자견 즉어차경 불능청수독송 위인해설

須菩提 在在處處 若有此經 一切世間 天人阿修羅
수보리 재재처처 약유차경 일체세간 천인아수라

所應供養 當知 此處 則爲是塔 皆應恭敬 作禮圍遶
소응공양 당지 차처 즉위시탑 개응공경 작례위요

以諸華香 而散其處.
이제화향 이산기처

能淨業障分 第十六
능정업장분 제 16

復次 須菩提 善男子 善女人 受持讀誦此經 若爲人輕賤
부차 수보리 선남자 선여인 수지독송차경 약위인경천

是人 先世罪業 應墮惡道 以今世人 輕賤故 先世罪業
시인 선세죄업 응타악도 이금세인 경천고 선세죄업

則爲消滅 當得阿耨多羅三藐三菩提 須菩提 我念
즉위소멸 당득아누다라삼먁삼보리 수보리 아념

過去無量阿僧祇劫 於燃燈佛前 得値八百四千萬億
과거무량아승지겁 어연등불전 득치팔백사천만억

那由他諸佛 悉皆供養承事 無空過者 若復有人 於後末世
나유타제불 실개공양승사 무공과자 약부유인 어후말세

能受持讀誦此經 所得功德 於我所供養諸佛功德
능수지독송차경 소득공덕 어아소공양제불공덕

百分不及一 千萬億分乃至 算數譬喻 所不能及 須菩提
백분불급일 천만억분내지 산수비유 소불능급 수보리

若善男子 善女人 於後末世 有受持讀誦此經 所得功德
약선남자 선여인 어후말세 유수지독송차경 소득공덕

我若具說者 或有人 聞心則狂亂 狐疑不信 須菩提 當知
아약구설자 혹유인 문심즉광란 호의불신 수보리 당지

是經 義不可思議 果報 亦不可思議.
시경 의불가사의 과보 역불가사의

究竟無我分 第十七
구경무아분 제 17

爾時 須菩提 白佛言 世尊 善男子 善女人 發阿耨多羅
이시 수보리 백불언 세존 선남자 선여인 발아누다라

三藐三菩提心 云何應住 云何降伏其心 佛告須菩提
삼먁삼보리심 운하응주 운하항복기심 불고수보리

若 善男子 善女人 發阿耨多羅三藐三菩提心者
약 선남자 선여인 발아누다라삼먁삼보리심자

當生如是心 我應滅度一切衆生 滅度一切衆生已
당생여시심 아응멸도일체중생 멸도일체중생이

而無有 一衆生 實滅度者 何以故 須菩提 若菩薩 有
이무유 일중생 실멸도자 하이고 수보리 약보살 유

我相 人相 衆生相 壽者相 則非菩薩 所以者何 須菩提
아상 인상 중생상 수자상 즉비보살 소이자하 수보리

實無有法 發阿耨多羅三藐三菩提心者 須菩提 於意云何
실무유법 발아누다라삼먁삼보리심자 수보리 어의운하

如來 於燃燈佛所 有法得阿耨多羅三藐三菩提心不
여래 어연등불소 유법득아누다라삼먁삼보리심부

不也 世尊 如我解佛所說義 佛於燃燈佛所 無有法得
불야 세존 여아해불소설의 불어연등불소 무유법득

阿耨多羅三藐三菩提 佛言 如是如是 須菩提 實無有法
아누다라삼먁삼보리 불언 여시여시 수보리 실무유법

如來得 阿耨多羅三藐三菩提 須菩提 若有法 如來得
여래득 아누다라삼먁삼보리 수보리 약유법 여래득

阿耨多羅三藐三菩提者 燃燈佛 則 不與我授記
아누다라삼먁삼보리자 연등불 즉 불여아수기

汝於來世 當得作佛 號 釋迦牟尼 以實無有法
여어래세 당득작불 호 석가모니 이실무유법

得阿耨多羅三藐三菩提 是故 燃燈佛 與我授記 作是言
득아누다라삼먁삼보리 시고 연등불 여아수기 작시언

汝於來世 當得作佛 號 釋迦牟尼 何以故 如來者
여어래세 당득작불 호 석가모니 하이고 여래자

卽諸法如義 若有人言 如來得阿耨多羅三藐三菩提
즉 제법여의 약유인언 여래득아누다라삼먁삼보리

須菩提 實無有法 佛得阿耨多羅三藐三菩提 須菩提
수보리 실무유법 불득아누다라삼먁삼보리 수보리

如來所得 阿耨多羅三藐三菩提 於是中 無實無虛
여래소득 아누다라삼먁삼보리 어시중 무실무허

是故 如來說 一切法 皆是佛法 須菩提 所言一切法者
시고 여래설 일체법 개시불법 수보리 소언일체법자

卽非一切法 是故 名 一切法 須菩提 譬如 人身長大
즉비일체법 시고 명 일체법 수보리 비여 인신장대

須菩提言 世尊 如來說 人身長大 卽爲非大身 是名大身
수보리언 세존 여래설 인신장대 즉위비대신 시명대신

須菩提 菩薩 亦如是 若作是言 我當滅度 無量衆生則
수보리 보살 역여시 약작시언 아당멸도 무량중생즉

不名菩薩 何以故 須菩提 實無有法 名爲菩薩
불명보살 하이고 수보리 실무유법 명위보살

是故 佛說一切法 無我 無人 無衆生 無壽者 須菩提
시고 불설일체법 무아 무인 무중생 무수자 수보리

若菩薩 作是言 我當莊嚴佛土 是不名菩薩 何以故
약보살 작시언 아당장엄불토 시불명보살 하이고

如來說 莊嚴佛土者 卽非莊嚴 是名莊嚴 須菩提 若菩薩
여래설 장엄불토자 즉비장엄 시명장엄 수보리 약보살

通達無我法者 如來 說名 眞是菩薩.
통달무아법자 여래 설명 진시보살

一體同觀分 第十八
일체동관분 제 18

須菩提 於意云何 如來有 肉眼不 如是 世尊 如來有肉眼
수보리 어의운하 여래유 육안부 여시 세존 여래유육안

須菩提 於意云何 如來有 天眼不 如是 世尊 如來有天眼
수보리 어의운하 여래유 천안부 여시 세존 여래유천안

須菩提 於意云何 如來有 慧眼不 如是 世尊 如來有慧眼
수보리 어의운하 여래유 혜안부 여시 세존 여래유법안

須菩提 於意云何 如來有 法眼不 如是 世尊 如來有法眼
수보리 어의운하 여래유 법안부 여시 세존 여래유법안

須菩提 於意云何 如來有 佛眼不 如是 世尊 如來有佛眼
수보리 어의운하 여래유 불안부 여시 세존 여래유불안

須菩提 於意云何 如恒河中 所有沙 佛說是沙不 如是
수보리 어의운하 여항하중 소유사 불설시사부 여시

世尊 如來說是沙 須菩提 於意云何 如一恒河中所有沙
세존 여래설시사 수보리 어의운하 여일항하중소유사

有如是沙等恒河 是諸恒河 所有沙數佛世界 如是
유여시사등항하 시제항하 소유사수불세계 여시

寧爲多不 甚多 世尊 佛告須菩提 爾所國土中 所有衆生
영위다부 심다 세존 불고수보리 이소국토중 소유중생

若干種心 如來悉知 何以故 如來說諸心 皆爲非心
약간종심 여래실지 하이고 여래설제심 개위비심

是名爲心 所以者何 須菩提 過去心 不可得 現在心
시명위심 소이자하 수보리 과거심 불가득 현재심

不可得 未來心 不可得.
불가득 미래심 불가득

法界通化分 第十九
법계통화분 제 19

須菩提 於意云何 若有人 滿三千大千世界七寶 以用布施
수보리 어의운하 약유인 만삼천대천세계칠보 이용보시

是人 以是因緣 得福多不 如是 世尊 此人 以是因緣
시인 이시인연 득복다부 여시 세존 차인 이시인연

得福 甚多 須菩提 若福德有實 如來不說 得福德多
득복 심다 수보리 약복덕유실 여래불설 득복덕다

以福德無故 如來說 得福德多.
이복덕무고 여래설 득복덕다

離色離相分 第二十
이색이상분 제 20

須菩提 於意云何 佛 可以具足色身 見不 不也 世尊
수보리 어의운하 불 가이구족색신 견부 불야 세존

如來 不應以具足色身見 何以故 如來說 具足色身
여래 불응이구족색신견 하이고 여래설 구족색신

卽非具足色身 是名具足色身 須菩提 於意云何 如來
즉비구족색신 시명구족색신 수보리 어의운하 여래

可以具足諸相 見不 不也 世尊 如來 不應以具足諸相見
가이구족제상 견부 불야 세존 여래 불응이구족제상견

何以故 如來說 諸相具足 卽非具足 是名諸相具足.
하이고 여래설 제상구족 즉비구족 시명제상구족

非說所說分 第二十一
비설소설분 제 21

須菩提 汝勿謂 如來作是念 我當有所說法 莫作是念
수보리 여물위 여래작시념 아당유소설법 막작시념

何以故 若人 言如來有 所說法則 爲謗佛 不能解我所說故
하이고 약인 언여래유 소설법즉 위방불 불능해아소설고

須菩提 說法者 無法可說 是名說法 爾時 慧命須菩提
수보리 설법자 무법가설 시명설법 이시 혜명수보리

白佛言 世尊 頗有衆生 於未來世 聞說是法 生信心不 佛言
백불언 세존 파유중생 어미래세 문설시법 생신심부 불언

須菩提 彼非衆生 非不衆生 何以故 須菩提 衆生 衆生者
수보리 피비중생 비불중생 하이고 수보리 중생 중생자

如來說 非衆生 是名衆生.
여래설 비중생 시명중생

無法可得分 第二十二
무법가득분 제 22

須菩提 白佛言 世尊 佛 得阿耨多羅三藐三菩提
수보리 백불언 세존 불 득아누다라삼먁삼보리

爲無所得耶 佛言 如是如是 須菩提 我於阿耨多羅三藐
위무소득야 불언 여시여시 수보리 아어아누다라삼먁

三菩提 乃至 無有少法可得 是名 阿耨多羅三藐三菩提.
삼보리 내지 무유소법가득 시명 아뇩다라삼먁삼보리

淨心行善分 第二十三
정심행선분 제 23

復次 須菩提 是法 平等 無有高下 是名 阿耨多羅三藐
부차 수보리 시법 평등 무유고하 시명 아뇩다라삼먁

三菩提 以無我 無人 無衆生 無壽者 修一切善法 則得
삼보리 이무아 무인 무중생 무수자 수일체선법 즉득

阿耨多羅三藐三菩提 須菩提 所言善法者 如來說
아뇩다라삼먁삼보리 수보리 소언선법자 여래설

卽非善法 是名善法.
즉비선법 시명선법

福智無比分 第二十四
복지무비분 제 24

須菩提 若三千大千世界中 所有諸 須彌山王如是等
수보리 약삼천대천세계중 소유제 수미산왕여시등

七寶聚有人 持用布施 若人 以此般若波羅蜜經 乃至
칠보취유인 지용보시 약인 이차반야바라밀경 내지

四句偈等 受持讀誦 爲他人說 於前福德 百分 不及一
사구게등 수지독송 위타인설 어전복덕 백분 불급일

百千萬億分 乃至 算數譬喩 所不能及.
백천만억분 내지 산수비유 소불능급

化無所化分 第二十五
화무소화분 제 25

須菩提 於意云何 汝等 勿謂 如來作是念 我當度衆生
수보리 어의운하 여등 물위 여래작시념 아당도중생

須菩提 莫作是念 何以故 實無有衆生 如來度者
수보리 막작시념 하이고 실무유중생 여래도자

若有衆生 如來度者 如來 則有 我人 衆生 壽者 須菩提
약유중생 여래도자 여래 즉유 아인 중생 수자 수보리

如來說 有我者 卽非有我 而 凡夫之人 以爲有我 須菩提
여래설 유아자 즉비유아 이 범부지인 이위유아 수보리

凡夫者 如來說 卽非凡夫 是名凡夫.
범부자 여래설 즉비범부 시명범부

法身非相分 第二十六
법신비상분 제 26

須菩提 於意云何 可以 三十二相 觀如來不 須菩提言 如
수보리 어의운하 가이 삼십이상 관여래부 수보리언 여

是如是 以三十二相 觀如來 佛言 須菩提 若以三十二相
시여시 이삼십이상 관여래 불언 수보리 약이삼십이상

觀如來者 轉輪聖王 則時如來 須菩提 白佛言 世尊
관여래자 전륜성왕 즉시여래 수보리 백불언 세존

如我解佛所說義 不應以 三十二相 觀如來 爾時 世尊
여아해불소설의 불응이 삼십이상 관여래 이시 세존

而說偈言 若以色見我 以音聲求我 是人行邪道 不能見如來.
이설게언 약이색견아 이음성구아 시인행사도 불능견여래

無斷無滅分 第二十七
무단무멸분 제 27

須菩提 汝若作是念 如來 不以具足相故 得阿耨多羅三
수보리 여약작시념 여래 불이구족상고 득아누다라삼

藐三菩提 須菩提 莫作是念 如來 不以具足相故 得阿
막삼보리 수보리 막작시념 여래 불이구족상고 득아

耨多羅三藐三菩提 須菩提 汝若作是念 發阿耨多羅三
누다라삼막삼보리 수보리 여약작시념 발아누다라삼

藐三菩提心者 說諸法斷滅 莫作是念 何以故 發阿耨多
막삼보리심자 설제법단멸 막작시념 하이고 발아누다

羅三藐三菩提心者 於法 不說斷滅相.
라삼먁삼보리심자 어법 불설단멸상

不受不貪分 第二十八
불수불탐분 제 28

須菩提 若菩薩 以滿恒河沙等 世界 七寶 持用布施
수보리 약보살 이만항하사등 세계 칠보 지용보시

若復有人 知一切法 無我 得成於忍 此菩薩 勝前菩薩
약부유인 지일체법 무아 득성어인 차보살 승전보살

所得功德 何以故 須菩提 以諸菩薩 不受福德故
소득공덕 하이고 수보리 이제보살 불수복덕고

須菩提 白佛言 世尊 云何菩薩 不受福德 須菩提 菩薩
수보리 백불언 세존 운하보살 불수복덕 수보리 보살

所作福德 不應貪着 是故 說不受福德.
소작복덕 불응탐착 시고 설불수복덕

威儀寂靜分 第二十九
위의적정분 제 29

須菩提 若有人言 如來 若來 若去 若坐 若臥 是人
수보리 약유인언 여래 약래 약거 약좌 약와 시인

不解我 所說義 何以故 如來者 無所從來 亦無所去
불해아 소설의 하이고 여래자 무소종래 역무소거

故名如來.
고명여래

一合理相分 第三十
일합이상분 제 30

須菩提 若善男子 善女人 以三千大千世界 碎爲微塵
수보리 약선남자 선여인 이삼천대천세계 쇄위미진

於意云何 是微塵衆 寧爲多不 須菩提言 甚多 世尊
어의운하 시미진중 영위다부 수보리언 심다 세존

何以故 若是微塵衆 實有者 佛則不說 是微塵衆
하이고 약시미진중 실유자 불즉불설 시미진중

所以者何 佛說微塵衆 卽非微塵衆 是名 微塵衆 世尊
소이자하 불설미진중 즉비미진중 시명 미진중 세존

如來所說 三千大千世界 卽非世界 是名世界 何以故
여래소설 삼천대천세계 즉비세계 시명세계 하이고

若世界 實有者 則是一合相 如來說 一合相 卽非一合相
약세계 실유자 즉시일합상 여래설 일합상 즉비일합상

是名一合相 須菩提 一合相者 則是不可說 但 凡夫之人
시명일합상 수보리 일합상자 즉시불가설 단 범부지인

貪着其事.
탐착기사

知見不生分 第三十一
지견불생분 제 31

須菩提 若人 言 佛說 我見 人見 衆生見 壽者見 須菩提
수보리 약인 언 불설 아견 인견 중생견 수자견 수보리

於意云何 是人 解我所說義不 不也 世尊 是人 不解
어의운하 시인 해아소설의부 불야 세존 시인 불해

如來所說義 何以故 世尊說 我見人見衆生見壽者見
여래소설의 하이고 세존설 아견인견중생견수자견

卽非 我見 人見 衆生見 壽者見 是名 我見 人見
즉비 아견 인견 중생견 수자견 시명 아견 인견

衆生見 壽者見 須菩提 發阿耨多羅三藐三菩提心者
중생견 수자견 수보리 발아누다라삼먁삼보리심자

於一切法 應 如是知 如是見 如是信解 不生法相
어일체법 응 여시지 여시견 여시신해 불생법상

須菩提 所言法相者 如來說 卽非法相 是名法相
수보리 소언법상자 여래설 즉비법상 시명법상

應化非眞分 第三十二
응화비진분 제 32

須菩提 若有人 以滿 無量阿僧祇 世界 七寶 持用布施
수보리 약유인 이만 무량아승지 세계 칠보 지용보시

若有 善男子 善女人 發菩薩心者 持於此經 乃至
약유 선남자 선여인 발보살심자 지어차경 내지

四句偈等 受持讀誦 爲人演說 其福 勝彼 云何 爲人演說
사구게등 수지독송 위인연설 기복 승피 운하 위인연설

不取於相 如如不動 何以故 一切有爲法 如夢幻泡影
불취어상 여여부동 하이고 일체유위법 여몽환포영

如露亦如電 應作如是觀
여로역여전 응작여시관

佛說是經已 長老須菩提 及諸 比丘 比丘尼 優婆塞
불설시경이 장로수보리 급제 비구 비구니 우바새

優婆尼 一切世間 天人 阿修羅 聞佛所說 皆大歡喜
우바이 일체세간 천인 아수라 문불소설 개대환희

信受奉行
신수봉행

역자 소개_ **이중표**

1953년 전남 화순 출생, 전남대 철학과 졸업, 동국대학교 대학원 불교학과 석사·박사, 전남대 철학과 교수·전남대 호남불교문화연구소장, 범한철학회장(역임), 불교학연구회장(역임), 저서로『아함의 중도체계』『불교의 이해와 실천 Ⅰ·Ⅱ』『근본불교』『불교란 무엇인가』『붓다가 깨달은 연기법』. 역서로『불교와 일반시스템론』『불교와 양자역학』『역주 정선 디가 니까야』『역주 정선 맛지마 니까야(상·하)』등 다수가 있다. 현재 근본불교연구회[네이버 카페 지혜, 와서 보라(http://cafe.naver.com/mettacafe)] 지도법사로서 서울·광주·구례에서 니까야 공부를 지도하고 있다.

산스끄리뜨 한글 번역 **금강경**

초판 1쇄 발행 | 2019년 1월 30일   초판 2쇄 발행 | 2023년 1월 30일

옮긴이 | 이중표

펴낸이 | 윤재승   펴낸곳 | 민족사

주간 | 사기순 기획편집팀 | 사기순, 김은지 기획홍보팀 | 윤효진 영업관리팀 | 김세정

출판등록 | 1980년 5월 9일 제1-149호
주소 | 서울 종로구 삼봉로 81 두산위브파빌리온 1131호
전화 | 02)732-2403, 2404 팩스 | 02)739-7565
홈페이지 | www.minjoksa.org
페이스북 | www.facebook.com/minjoksa
이메일 | minjoksabook@naver.com

ⓒ 이중표, 2019

ISBN 979-11-89269-13-5 (04220)
ISBN 979-11-89269-12-8 (04220) 세트

※책값은 뒤표지에 있습니다. 잘못된 책은 바꿔 드립니다.
※저작권법에 의하여 보호를 받는 저작물이므로 무단으로 복사,
  전재하거나 변형하여 사용할 수 없습니다.